宗教学关键词
（第一辑）

金　泽　主　编
袁朝晖　卓玲明　副主编

宗教宽容

袁朝晖　著

商务印书馆
创于1897 The Commercial Press

国家社会科学基金重大项目“宗教学理论的基本范畴研究”（22&ZD254）系列成果

宗教学关键词
总　序

宗教学研究在人文社科领域中属于跨学科的一个领域。来自不同学科的诸多学者在这一领域辛勤耕耘多年：宗教史领域的各个宗教史、教派史、地域宗教史、各国宗教史、通史、断代史、专题史的研究成果累累；宗教学理论则在其发展进程中形成了宗教社会学、宗教人类学、宗教心理学、宗教生态学、宗教与哲学、宗教与政治、宗教与艺术、宗教与科学等诸多分支学科，无论是国际还是国内的研究成果，都不断地推陈出新。相对于宗教史方面的研究成果和已经具有相当规模的现状调研和政策分析，对宗教学基本理论的建构性研究，无论是成果总量还是从业的专家学者数量都明显偏少。为此，在国家社科基金重大项目“宗教学理论建设的基本范畴研究”框架下，我们推出“宗教学关键词”研究系列，意在为进一步推动宗教学理论的发展提供平台，使中国的马克思主义宗教学理论研究形成具有中国特色的理论体系，同时吸引更多的学者（特别是中青年学者）关注和投身宗教学基本理论研究。

目前，国内外关于宗教的各类词典已有不少，或是全域性的或专门针对某个宗教，体量不等，大多词条少约百字多则千字计。如，1985 年伊利亚德主编了英文版《宗教大百科全书》，涵盖面很广，多数词条字数较少，虽有少数词条字数较多，但多是某一宗教或宗派的介绍。“宗教学关键词”研究系列并非一般的词典或百科全书式编纂，而是系统性的专题研究，无论是从体量上还是从性质上来说都属于学术研究与探讨。探讨的每个关键词都是宗教学理论的一个基本范畴。这种探讨的基础是相关学术史的发展历程和积累，同时也具有面向当代的问题意识。是对传统的“继往”，更是为学科的“开来”。

“宗教学关键词”研究系列体现三个特征：一是继承性、民族性；二是原创性、时代性；三是系统性、专业性。宗教学理论产生于西方，而我们的目标是形成以马克思主义宗教观为指导、立足于中国社会、体现中国各宗教历史发展和互动特色、系统化的宗教学理论，因此这个研究系列“既要立足本国实际，又要开门搞研究”：它的立场和方法是马克思主义的，它的情怀是中国的，它的眼界是世界的。

首先，马克思主义、马克思主义宗教观、马克思主义宗教学理论，三者虽有侧重点与关注面的不同，在人类认识自然与社会的整个知识体系中的位置和功能也不相同，却具有内在的贯通性。这种贯通性主要体现在马克思主义宗教学理论是以马克思主义作为它最根本的立场、观点和方法。无论面对大千世界的何种宗教现象，无论面对古往今来的何种关于宗教的理论学说，马克思主义宗教学理论都运用马克思主义的基本立场、观点和方法加以分析、定位和扬弃。而马克思主义的基本立场、观点和方法，最主要的就是历史唯物主义和辩证唯物主义。马克思主义宗教观主要是马克思、恩格斯、列宁等人在运用历史唯物主义和辩证唯物主义分析、阐释宗教现象、宗教形态、宗教学说和宗教运动的过程中，提出的一些基本论断和观点。今天，当我们面对千姿百态、复杂纷纭的宗教现象与学说时，特别是遇到与马克思、恩格斯、列宁他们得出那些具体论断所依据的生活时空不同的时空场景时，我们要像马克思他们那样，运用历史唯物主义和辩证唯物主义对当下的宗教问题做出与时俱进的分析和判断。

其次，作为生活在中国这块土地上的21世纪的中国人来构建马克思主义宗教学理论，我们与马克思、恩格斯、列宁他们生活的时代不同、国度不同，面对的问题也有差异，我们有中国的文化传统和背景，我们经历了与西欧和俄国不一样的现代化进程，我们国家处理国内国际问题的历史经历和经验也与当代的其他国家有所不同，所以我们是带着中国情怀建构中国马克思主义宗教学理论体系的。所谓中国情怀，我理解至少有三重含义。第一，中国情怀基于我们有着悠久的人文主义传统。这个人文主义传统内容非常丰富，在中国复杂的宗教信仰丛林中，有一条主线贯穿其中，这就是和宗法制度紧密结合的“祖先崇拜”“天命崇拜”和“圣贤崇拜”，这条主线影响了世世代代中国人生活的方方面面，更使中国人的宗教意识独具一格。第二，中国情怀在于中国有着特殊的有关宗教的历史经验。在中国历史上，尽管各种宗教层出不穷，儒家学说宗教化倾向日趋明显，有的地区也确实出现过程度不同、时间长短不一的政教合一政权，但从全国政权的性质观察，始终是世俗的王权居统治地位。宗教不仅根本就没有实现过大一统，而且大多数处于“助王政之禁律，益仁智之善性”的辅佐地位。中国宗教的演进，绝大多数是以和平方式进行的，未经突变的革命，更没有对旧宗教的彻底荡涤；各宗教互相渗透，在分化中有融合，在演进中有积淀。第三，中国情怀还源于近现代中国社会的巨变，中国人争取民族独立和社会民主的奋斗历程，世界战争、政治、经济、宗教的格局演变及其对中国诸宗教的影响，特别是中国共产党建党百年来处理宗教问题的实践经验，使近现代中国人不仅有历史传统的影响积淀，而且在大起大落的风云变幻中对宗教的社会历史作用有了切身的体验和感受。

最后，人类对自然和社会的认知是个不断探索、大浪淘沙的过程，而认知的获得一是来自人类追求真理过程中的实践和实验，二是来自与前人和同时代人认知成果的对话。它们包括马克思主义基本原理、马克思主义中国化的成果及其文化形态、中华优秀传统文化，以及世界上所有国家哲学社会科学研究取得的积极成果。正如毛泽东所说，“我们的态度是批判地接受我们自己的历史遗产和外国的思想。我们既反对盲目接受任何思想也反对盲目抵制任何思想。我们中国人必须用我们自己的头脑进行思考，并决定什么东西能在我们自己的土壤里生长起来”。与各种实践实验成果和认知成果的互动，既是吸纳，也是扬弃，既有批判，也有创新。只有在此基础上，才能实现在建构中国马克思主义宗教学理论体系中树立学术的主体性的目标。

中国马克思主义宗教学理论体系的建设任重道远，只要我们秉持的立场方法是马克思主义的，情怀是中国的，眼界是世界的，就能行稳致远。

“宗教学关键词”研究系列意在突出以下特点：一是在充分吸收、体现和反思国际宗教学界的相关研究成果的基础上，做出对各个范畴的系统性梳理与研究，同时也体现出国内学界对这些范畴的研究状况等。二是凸显问题意识，对已有的相关成果，不论是中国的还是外国的，都要带有批判的眼光，在发现问题、提出问题和解决问题的过程中推进理论的发展或提升。三是注意吸收中国经验，将中国历史文献与当前田野调研中的宗教现象、现状同现有的宗教学理论相对照，探寻新的理论生长点。四是引介一些范畴的新研究成果，虽然它们可能会略显不成熟或令人一时不好接受，但为我们提供了可以借鉴和带来启发的认识工具和分析工具。

为此，每个范畴的成果体量平均为七万字，包含的内容主要有:（1）这个范畴的起源、发展的学术历程；（2）这个范畴的基本内容；（3）与这个范畴相关的代表人物、学派及其主要观点；（4）这个范畴与相关学科或分支的基本关系和作用等；（5）这个范畴在中国的研究脉络；（6）这个范畴的进一步开拓点；（7）与此范畴相关的重要的中外参考文献。

“宗教学关键词”研究系列的出版，要感谢商务印书馆的大力支持。研究系列计划以“辑”为出版单位，每辑涵盖七个基本范畴，成熟一辑出版一辑。这一系列研究将出自众学者之手，既是大家对这一研究发展方向的认可，也是每位参与人为宗教学研究添砖加瓦的成果。若真能达到预想的学术建设和积累目标，不仅中国宗教学理论将自身具有一个更加坚实的理论基础和平台，而且对于培养学术新兵，对于在社会上普及宗教学常识，对于宗教学理论创新，也都会大有助益。

目　录

第一章
宗教宽容的含义

无论是从历史上还是从概念上看，宗教宽容都是界定多元社会的基本特征之一，也是与公民自由概念相关的基本美德。尽管宗教宽容在当代政治思想中发挥着核心作用，但由于与之相关的许多悖论、困境和困惑以及实践难题的影响，宗教宽容仍然面临各种争议和分歧，莫衷一是。

第一节　宗教宽容的定义[①]

理性的个体是权利的基石、政治的主体和信仰的载体的结合。政治权利涵盖保障作为公民的信仰自由权利不受侵害之义；宗教权利则被限定在不侵害信

① 基于本书的篇幅和体例，我们将尽可能直接提供对于问题的答案，其烦琐的论证、历史的说明和文本的分析，如果有兴趣的读者可以进一步阅读相关资料，特此说明。

仰者的公民权利的基础上。在正义的框架前提下，这种个体、政治和宗教之间形成的权利和权利之间的相互制约的权利体系和制度保障，恰恰可以充分保护个体的生命、自由与财产，从而实现无论是灵魂的，还是身体的真正的平等与自由。如果我们相信接受一种宗教就是接受一种世界观的话，任何一个人都有权利基于自己的信仰构筑生活方式，因而，就必然要求在政治的非宗教化和宗教的非政治化下消解信仰的排他性[①]，宗教宽容是民主法治国家的基础。维系多元社会的结构必然以宽容为基础，唯此方能实现人基于理性、自由，自主地选择自己的信仰。这种三角关系的动态平衡所达成的个人自由、政治自由和信仰自由的稳定秩序就是真正的宗教宽容。

宗教研究普遍面临的问题是，到目前为止，不存在被普遍接受的宗教或信仰的定义，尽管如此，宗教仍日益成为现实世界的参与和反思对象，其背景包括冲突解决与和平建设以及机构和组织。但因为“不存在普遍接受的宗教或信仰的定义”，所以要为宗教宽容下一个很准确的定义是困难的；因为每个人都可以提

① 这就回答了自由主义政治哲学的疑问：不同信仰的人如何生活在一起？

出自己的看法和见解的定义。这和哲学的明晰性相悖，但的确构成了宗教宽容的实质和对于宗教宽容及其相关要素的丰富性之所在。

实际上，在现实生活中，每当谈及宗教宽容的时候，总会有人站起来问：如果我相信，我掌握了真理，为什么要去“宽容”那些对真理“无知”的人？如果掌握了真理，却任由“谬误”一方，甚至宽容、忍让和容忍“错误”的发生、传播和影响，这难道不是一种“错误”的行为甚至是“犯罪”吗？至少是对于真理的亵渎和不敬。

在实践层面上，无止境的宽容是不可想象的，也是不可能实现的，更是难以接受的——我们究竟能宽容到什么程度？在一定的界限内，宽容某事是一件好事。但跨出“这一步”之后，进一步地宽容某事也许就不再是好事，而是一件“坏事”，一件几乎和被宽容的坏事一样严重的、糟糕的、匪夷所思的“坏事”。

而且，宽容似乎应该是，但现实中很难是一种“相互性”的美德。这就变成了一个更难缠的问题，或许，宽容是好事，但当对某件事情的宽容本身成为问题的时候，宽容本身是不是也不值得宽容？宽容和被宽容之间的相互性的美德变得不那么美好的时候，还需要宽容吗？这难道不该反对吗？

这样的问话和反诘蕴藏着的假设是真理，或者说，终极真理可以为人类确认吗？

2001年11月，比尔·克林顿在哈佛大学发表演讲时提出了一个案例："塔利班和本·拉登，就像今天以及古往今来世界各地的原教旨主义狂热分子一样，相信自己掌握了真理。然而我们相信，人类客观条件的限制使任何人都无法获得绝对的真理。"①

克林顿没有继续就支撑这一论点的理论进行讨论。实际上，除非他对"人类客观条件的限制"的论述能够论证，否则他只是单纯反对"狂信者"和人们所相信的真理之间的冲突，实则是"信仰对抗信仰"。

可见，对人类理性的有限性的研究本质上似乎不涉及政治，但实际上是政治神学的认识论基础。

基于这个理解，我们可以将宗教宽容更简约化地理解为：将自己所认为"真正的宗教"强加于他人是错误的。

这是因为构成事物之所是的"实在本质"是不可知的。宗教不是知识，人由衷地相信宗教是因为认为它是真理而接受它，但没有人真正知道，自己所相信

---

① 参见J. Judd Owen, "Locke's Case for Religious Toleration: Its Neglected Foundation in the *Essay Concerning Human Understanding*", *The Journal of Politics*, Vol. 69, No. 1, 2007, pp. 156–168。

的宗教是否是真理。

根据这一观点，没有达成宗教上的宽容便是源于狂热。[①]即一个人所信仰的“真正的宗教”的真理性是不可确知的，而对这样不可确知的真理的盲信就是“狂热”——就像伏尔泰说的那样，“由于他们不是疯狂者，所以开始值得被宽容”。

因此，如何在一个世俗、多元的社会中实现信仰的自由，或者换一个角度说，如何在保持自我理性选择的信仰不受侵害的情况下，融入到世俗、多元的社会中去呢？

关于宗教宽容本身的理解就是一个巨大的悖论：

——如果我们相信，自由的人就应该是信仰自由的人，那么，我们只能为了“自由本身”才能够“限制自由”。

——我们不能因为其他的社会、经济、信仰等利益不同而限制“自由本身”。

——为了“自由本身”而“限制自由”是实现和保卫“自由本身”的唯一通道。可是，一旦为了自由而限制自由，即使是为了“自由本身”，谁又能保证，

---

① J. Judd Owen, “Locke's Case for Religious Toleration: Its Neglected Foundation in the *Essay Concerning Human Understanding*”, *The Journal of Politics*, Vol. 69, No. 1, 2007, pp. 156–168.

这种限制就如此恰到好处地实现了“自由本身”。

——“自由本身”又何以“显现”和“表达”其认同为了“自由本身”而“号令”的“限制自由”的行为。

——谁规定了“自由本身”？“自由本身”的含义难道不是作为“限制自由”的对立面才能为理性理解和接受吗？

——谁又可以认定和行使为了“自由本身”而“限制自由”的行为的范围、强弱、效果；谁又能最后、最终裁定“限制自由”就一定实现了“自由本身”；即使可以判断，这个“裁量权”难道不是“限制自由”的产物或是借“自由本身”而限制自由的必然吗？

这样一来，“限制自由”难道不就是对“自由本身”最大的“反讽”吗？如果理性“无力回天”而将最后的答案交给“上帝”，那么人类关于自由的讨论和人类自身的命运和存在就都变得毫无意义，甚至不如动物。

第二节　宽容悖论的讨论

于是问题浮出水面——如何解决宗教宽容悖论。

其实就像宗教宽容本身一样，必须对宗教宽容悖论的答案保持“宽容”，因为没有一个答案是可以为所有人接受的。但对这一问题的讨论有助于我们更好地靠近真正的“宽容”。

笔者将从四个主要思想家——约翰·洛克（John Locke）、密尔（John Stuart Mill）、罗尔斯（John Rawls）和托马斯·内格尔（Thomas Nagel）——的角度考察一下人类理智对于这一难题的尝试性解答，并尽可能给出笔者的一些看法。

一、洛克：信仰是理性的最高级同意

读者不难发现，笔者对宗教宽容的定义是洛克式的。

在洛克式政治体（commonwealth）中的政教关系是建立在个人自由基础上，由社会平等保障的理性的宗教宽容。个人自由是根本，社会平等是条件，宗教宽容则可以使人实现基于**理性**、**自由**，**自主**地选择自己的信仰，最大限度地在政治体中保障人的自由与平等，以及社会的和平与发展。

这是洛克的核心观点，也是自由主义政治哲学的一种革命的甚或是激进的态度。这些奠基于洛克的理性信仰观之上。

奥克肖特对洛克学说的评价指出，洛克的学说富有神学意味的说教，即认为，个人主义是每个人都具有的特征，人是上帝平等而独立的仆人，个体性是万能的造物主的礼物。[①]

沃尔德伦也认为，洛克所探讨的是一种可能性，即人是否天生就值得彼此以平等者的身份互相对待[②]，这对洛克至关重要，因为，如果否定所有人的基本平等，那么，洛克便“只能放弃自由主义的政治大业”。[③]

奥克肖特进一步指出，正如世上万物各有不同，人类除了这一共同特性外，自然还有其他不同的特征，但是，这一特性是共有的。这只是洛克个人主义理论哲学化的一般概括，但不能因此就被忽略。事实上，对于洛克而言，作为欧洲自由主义先驱的清教徒，这样一个神学概念比任何其他概念都更为重要，每个人都有拯救自己的责任，这一切最终会决定其个体性。[④]如此，人就不断在寻找世界和生命的意义的过程中，不断地生成新的关于世界和生命的意义。个体才是理

---

① 〔英〕迈克尔·奥克肖特（Michael Oakeshott）:《哈佛讲演录：近代欧洲的道德与政治》，顾玫译，方刚校，上海文艺出版社2003年版，第57—58页。译文略有调整。

② 〔新西兰〕沃尔德伦（Jeremy Waldron）:《上帝、洛克与平等——洛克政治思想的基督教基础》，郭威、赵雪纲等译，华夏出版社2015年版，第12页。

③ 〔新西兰〕沃尔德伦:《上帝、洛克与平等——洛克政治思想的基督教基础》，见前引，第6页。

④ 〔英〕迈克尔·奥克肖特:《哈佛讲演录：近代欧洲的道德与政治》，见前引，第57—58页。

解洛克哲学的起点，而理性——人与动物的最大的区别——是开启理解人、人的生活、人的社会，以及属于人的一切活动的钥匙。

笔者将洛克看作古典个人自由主义思想的集大成者，并将洛克对于“个人”宽容思想的理性建构分为三个方面：绝对性、相对性、时间性。

1. 宽容的绝对性，也就是真理的绝对性

洛克认为，人应当在现实生活中，正确地“施用同意，互相的仁爱和容忍”，究其根本是因为，对于绝大部分人而言，出于各种原因，人总是对于自己所主张的真理，缺乏足够“确定的证明”。因而，在一个社会中，人和人之间就不得不有一些不同的“意见”——社会因何异见，缘在于此，而非其他。

就这点而言，人虽然会有异见，但显然，人都在各自的层面上追求着真理，这一点是毋庸置疑的。

2. 宽容的相对性

人是一种摇摆的、脆弱的理性动物，或者说真理并不肯，不会轻易展示自己的“容貌”。人往往会在别人提出一种论证之后，陷入对于真理的“无知、轻浮和愚昧的表现”——由此进入宽容的相对性，也就是真理的相对性阶段。

因为，面对理性的认知的困境，人往往是在自己的认知遭遇质疑和怀疑以后，就“遽然废弃自己先前的教条，那亦不能不说是无知、轻浮和愚昧的表现”。

3.认识真理需要一定的时间，或许说是一个过程，一个并不会“同步”的过程

时间和习惯已经把“教条”确立在人的心中，使人认它们为自明的、确定的，因为他以为那些教条是他由上帝亲身（或由上帝的差遣）所得的印象。洛克强调，人们固执过去的判断，坚信先前的结论，往往是他们所以坚持错误和谬见的原因，但这并不是人的过失，人的真正过失在于“理性的惰性”或是说“人性的惰性”，即不再依靠记忆，唤回先前的良好判断，而在于他们未考察好就来判断——这就是产生“不宽容”的真正土壤，将理性的判断付之于所谓的权威，并盲目、愚昧地崇拜而不假思索，而且所谓的“宗教狂热”往往就是人们在坚持“自己的意见”时，最为凶残和无理地“霸占”真理。

4.洛克认为，真正的宽容应该是坚持理性的自我指导

试想，一种宗教怎么可能凌驾于另一种宗教之上？一种政治权威怎么可以取代宗教的权威在教会内部指挥、指导人们达到对于灵魂的拯救呢？我们怎么能想象确定的意见该让步于一个生人甚至或是相互敌

对的论证或权威呢?

人应当坚持自己的理性认识，但亦要学会宽容异见。

洛克指出，这是因为人们的意见虽然尽可参差不齐，可是人与人之间，一个社会集团中的人与社会中其他成员之间都应当互相维持和平、培植友谊，这并非是因为其他，而是我们并不能希望任何人甘于“谄媚地抛弃自己的意见”，从而放弃理性高贵的自我指导，盲目地屈从或是不得不接受他人的理解，这其实是我们所不能承认的权威，这样的权威并不会接受我们的意见——理性。作为一个社会中的理性人，我们必须认识到，人的理解不论怎样易于错误，但“它只能承认理性的帮助，并不能盲目地屈服于他人的意志和命令”。如果一个人必须先行考察，然后才能同意，则你如果想使他相信你的意见，那么你就得让他自在地考察各种理由，使他记忆起心中所贮蓄的，并把各种详情加以考察，看看哪一边占优势。如果他觉得我们的论证无关紧要，不肯费心来重新考察，我们亦正不必见怪，因为我们在相似的情形下，亦正是如此的。而且，别人如果指令我们应当研究哪几点，我们也许会发嗔的。如果他的意见是凭轻信而来的，那么我们能想象他竟然会抛弃那些教条吗?

但是，现实中的情况却是，人们纵然不肯牺牲“自己的意见”，却也似乎不愿意、不情愿或是“阳奉阴违”地不肯接受其他人的正确意见——当然，这种正确的意见也包括其他人强加给他们的意见——对此，人们亦不要因此就总认为他们是“固执的”“乖僻的”——在对于宽容的思考中，我们要正视并承认人性的“卑贱”。托马斯·内格尔也认同一个人持有一种关于某种具有根本重要性的东西的信念，却不必认为那些不共享它的人是非理性的或不合情理的。[①]

洛克认为，对于宗教不宽容，抑或对于无法接受真理的过程中，我们要正视一个问题，即不曾见有一个人，对自己所主张的事理的真实，所鄙弃的事理的虚伪，都有不可辩驳的证据。[②]也就是说，出于审慎，人应当克制自己，应当坚守一条底线，不要向他人强加一种宗派性的观点，以换取这样一种确信，即当他们发现自己处于少数派的地位时，他们会被以同样的克制来对待。这或许就是信仰上或政治上的“将心比心”“移情换位”。

---

① 〔美〕托马斯·内格尔:《平等与偏倚性》，谭安奎译，商务印书馆2016年版，第170页。

② 〔英〕洛克:《人类理解论》(上下册)，关文运译，商务印书馆1981年版，第707—710页。

“少来在别人前显露威风”——事实上，如果说宽容是一种美德，那么不宽容就是一种权力：一种不赞成宽容的态度和一种阻止宽容的能力——在国家权力的运行上尤为明显。是我们的价值观决定着国家权力的运行模式，还是国家权力的运行控制着、改变着我们的价值观——并非“全体一致”的个体价值观——我们最珍视的自由。

5.洛克的信仰“秩序”

对于洛克而言，正如查尔斯·泰勒就“伟大的抽离”（The Great Disembedding）这一概念所指出的那样，西方现代性的主要特征之一，也几乎是对此的任何观点，是一个脱魅的进程，是具有魔法力量和神灵世界的消失，这是拉丁基督教改革运动的产物之一，造成了新教改革，但是也改变了天主教会。这一改革运动是力图约束和重建社会秩序的一种源泉……它不仅仅致力于对个人行为的革新，而且也致力于对整个社会的改革和重塑，使社会变得更加和平、有序和勤奋。这一刚刚重塑的社会，要明确地把《福音书》的诫命，以一种稳定的——正如它逐渐被理解的——理性的秩序体现出来。这一新社会没有给从前注重魔法的世界留下任何摇摆不定的、可具互补性的空间。这种互补性发生在：属世生活与修道院的克己生活之间，适当的秩序与狂欢节定期中断之间，公认的神灵的能力和影响力与被神圣力量所弱化的力量之间。新秩序是连贯的、不妥协的、具有整体性的。[①]

自然状态于洛克而言乃是上帝创世之初的作品，它只受自然法的统治，而根据洛克明白无误的说法，“自然法乃是上帝的意志”，具体地说，也就是上帝让人类“自我保全”的命令。洛克认为，“上帝既然创造人类，便在他身上，如同在其他一切动物身上一样，扎下了自我保存的愿望”。在他看来，这是“上帝扎根在人类心中和镂刻在他的天性中的最根本和最强烈的要求”。但这仍然不是一种完美无缺的状态，因为，在“自我保全”的动机的支配之下，这一人人自由、平等、独立的“自然状态”随时有堕入“战争状态”的危险，因为上帝的“自我保全”的命令或者意志尚是一种不成文的自然法，地上尚没有合法的公共裁判者对其进行裁判和执行，其在整体上仍处于“空虚混沌”的无法状态，其终极的支配者仍然是强力和运气。

所以，洛克的“创世纪”还有一个关键的创世步骤需要实现，亦即将处于自然状态中的平等、自由、独立的自然人带入一个立约而治的政治社会，它建立

---

① 〔加〕查尔斯·泰勒（Charles Taylor）:《现代社会想象》，林曼红译，译林出版社2014年版，第43—44页。

在人民的同意这唯一合法的基础之上，这一政治社会的唯一目的是保护人的生命、财产和自由不受世俗间任性权力的侵害，因为它们乃是上帝创世伊始便赋予他的最尊贵的造物——人类——的特权和馈赠。[①]

而且，更为迫切地困扰着洛克的是：一个道德上具有合法性的政府，是否不能拥有超过其“守夜人”职能的其他任何能力，特别是在最私人的信仰领域？

显然，宗教依附性使人背离了自己的政治理想、政治热情和政治关怀，使人基于不同的意见产生分裂。必须消解宗教分歧问题，使人们依附于此时此地的当下，而不是死后的世界，因此国家必须宽容，唯此方能在一个稳定的秩序中容纳信仰各异的人。

对于洛克来说，反击圣经宗教的彼岸性所造成的政治冷漠，以及由于宗教狂热引发的宗教战争和宗教迫害，其目的大概在于此。

那么，在一个什么样的值得信任和服从的秩序中，信仰可以是自由的，不同信仰的人是可以生活在一起的？

洛克政治哲学的革命性就在于对于社会、国家、政府权力，以及反抗暴政和个人自由的细致区分，并在此基础上构建政治社会生活。

---

① 林国基：《洛克的“创世纪”——读〈政府论〉》，《政法论坛》2011年第5期，第158—161页。

因而，在社会、国家、政府不同层面中，个人自由信仰何以可能？国家权利如何构成？政府权力的界限何在？如何确定法律与信仰自由的关系？以及人们在何种情况下可以认定政府权力“越界”？

概言之，宗教宽容语境下的新的政治–宗教秩序究竟是如何建构的？

洛克是自16世纪宗教改革运动以来，对于个人主义的自由主义思想的总结者，他概括了前人的论述，并且提出了自己的核心思想。这一核心转变就是：从上帝的统治到人的统治，从启示的信仰秩序到理性的权利秩序的转变，把个人解放出来。

《政府论》——尤其是《政府论·下篇》——和“宗教宽容书简”系列中，洛克持续地、系统地梳理了“信仰和秩序”的关系。①

洛克认为，秩序所赋予的权力是外在的，关乎的是公民的利益：而信仰是内在的，追求的是永生。两者的运作根本不同，两个领域相互独立，互不干涉。权力不能干涉内心的信仰问题。这一原则是洛克“宽

① 袁朝晖：《跨越宗教纷争——约翰·洛克论信仰、真理与宗教宽容》，《基督教思想评论》（总第25期），宗教文化出版社2023年版，第243—265页。该文提供了关于洛克理性和信仰的关系问题的整体思考。

容论”的基础[1]，但这种关系的梳理是在一个洛克认为符合理性的新的秩序中的建构，这也是现代自由主义的基本信念。

在自由主义传统乃至西方政治思想和宗教思想史上，最全面地为宗教宽容进行“有力”辩护的便是洛克[2]，正是在这个意义上，洛克被誉为“自由主义之父”，尽管这个称号的给予并非没有争议。

如茱迪·史珂拉在她的名篇《恐惧的自由主义》中所定义的那样：在开始分析任何特定形式的自由主义之前，我们必须尽可能地确切陈述自由主义这个词意味着什么。因为经历了这么多年的意识形态冲突，人们似乎完全丧失了对自由主义一词的认同。过度使用和过度扩展致使自由主义一词难以定型，以至于它现在成了一个万能的词汇：既能被误用于谩骂，也可用于赞美。为了在这种混乱状态中谋求一种适度的秩序，我们可以这样开始，即首先坚持认为，自由主义是指一种政治学说，而不是指传统意义上，由各种各样的天启宗教和其他完备性世界观所提供的一种人生

① 孙向晨：《洛克政治哲学的神学维度》，《复旦学报（社会科学版）》2006年第5期，第104—111页。

② 袁朝晖：《秩序与信仰——约翰·洛克“宗教宽容论”中的教会与个人》，《中央社会主义学院学报》2019年第2期，第119—129页。

哲学。自由主义只有一个压倒一切的目的，那就是确保行使个人自由所必需的政治条件。[①]

显然，自由主义起源于宗教改革及其带来的后果，其间伴随着16、17世纪围绕着宗教宽容所展开的漫长争论，类似对良心自由和思想自由的现代理解，也正始于那个时期。从这个意义上说，洛克是实至名归的。

如果人们可以用一种客观、冷静的心态看待基督教在洛克时代——理性勃兴、人民主权高涨、王权渐趋衰落的时代——的地位，我们会发现，宗教对当时乃至此后人们的意义远远大于我们的想象，在这个图景中洛克最需要回答的一个严峻的问题是：不同信仰的人如何生活在一起？

在洛克的哲学中，宽容是达于理性共识的基础和路径，人类社会建基于人的理性，世界不再是“上帝”（国王）统治的国度。

洛克寻找的新秩序的图景是什么样子的呢？

对于洛克的研究者而言，在《政府论·下篇》中只字不提宗教问题的洛克似乎不可理喻。[②]正如后继的

---

① 〔美〕茱迪·史珂拉（Judith Shklar）：《恐惧的自由主义》，《政治思想与政治思想家》，左高山等译，上海人民出版社2009年版，第3页。

② 袁朝晖：《约翰·洛克〈政府论·上篇〉中的圣经批判及其政治意蕴》，《圣经文学研究（第23辑）》，宗教文化出版社2021年版。该文分析了洛克对平等的强调以及和宗教宽容思想整体的关联。

自由主义思想的另一座高峰——约翰·斯图亚特·密尔所认为的那样，在宗教问题上，“也几乎仅仅在这个战场上”，个人反对社会的权利，才在有原则的广阔立场上为人们所主张，社会想对倡异者施用权威的要求受到公开的争议。“那些替世界创获它所享有的宗教自由的伟大作家们，多数都力主良心自由乃是一种无法取消的权利，都绝对否认一个人须为他自己的宗教信仰来向他人作出交代。”①

事实上，终其一生，洛克对宗教问题——无论是政治和宗教的关系、圣经神学的研究抑或是理性信仰的哲学阐释——不是简单的热情，也绝非工具的使用，可以说，宗教问题就是洛克全部学说的源头，也是归宿，更是困扰。洛克只是将政教关系问题更集中地体现在了“宗教宽容书简”系列中，而在《政府论·下篇》中洛克回答了政教关系中的另一端：对洛克来说，我们一定要“服从”好政府而不是坏政府。

谈论政教关系，有必要深入考察各个时代、各个阶段、各个思想中关于信仰与社会、国家与政府的相关分析，这一点对于宗教宽容思想尤为重要。

---

① 〔英〕约翰·密尔：《论自由》，程崇华译，商务印书馆1982年版，第8页。

洛克对于政治权力和宗教权力都感到不安，不加约束的权力势必要对个人的良心自由进行侵犯，这是权力的本性使然，也是人的理性必然。冲突是不可避免的，政治权力可能伤害到宗教和信仰者的公民权利。宗教权力同样会伤害世俗秩序和世俗利益，也可能会伤害到宗教本身，并且可能更深地伤害作为政治社会公民的信仰者的世俗权利和神圣权利。

洛克既要限制世俗权力的入侵，又要防范神圣权力的“伤害”，而所谓的良心自由又会带来自由、责任、政治义务等方面的困扰。

显然，对于洛克而言，身处17世纪欧洲——启蒙运动和自然科学的兴起深刻地改变着人们看世界的方式——世界观的革命背景下，当时人相信，人不仅能了解及支配自然，也能凭借人的理性和感性能力，以及对人性和社会的认识，在世间建立一种理想的政治秩序。这种对道德及政治的理解，是一种“范式转移”，这个转移大大提升了人的地位。人既不隶属于上帝，也不再是自然秩序的一部分，而是独立自主的理性主体。但这个转移，也带来新的挑战：如果政治原则的终极基础只能源于人心，而人却拥有各种不同且常常冲突的世界观，那么众多自由独立的个体如何能够找到共识，建立具有普遍权威的政治秩序？这是现代社会的大问题。

洛克认为，教会与国家互相有别并绝对分离，它们之间的界限是明确不变的。谁若把这两个在渊源、宗旨、事务，以及在每一件事情上都截然不同并具有无限内在区别的团体混为一谈，谁就等于是把天和地这两个相距遥远、互相对立的东西当作一回事。

而在被誉为“德国自由主义大宪章”的《论国家的作用》一书中，洪堡和洛克的态度如出一辙，即国家不对宗教事务进行干预是完全可能的，没有一种干预不是要避免或多或少不当地倡导支持某些特定的宗教观，因此也不会让那些由于这样一种倡导支持而产生的反对国家的种种理由发挥作用。同样，不可能有一种干预的方式不会至少在某种程度上同时带来一种领导，即同时造成一种对个人自由的妨碍。因为对于处置各种宗教理念，真正进行强制的影响、仅仅提出要求的影响，以及最后仅仅比较容易得到机会的影响，当然是十分不同的，但是，不管影响多么不同，在处置各种宗教思想时，总是存在着国家思维方式的某种优势，而这种优势限制着自由。①

---

①〔德〕洪堡（Humboldt）:《论国家的作用》，林荣远、冯兴元译，中国社会科学出版社1998年版，第78—79页。

政治权力、神圣权力和个人权利之间形成了一种博弈，只有通过一种政教关系领域的“分权制衡”的秩序建构才能保卫社会、保障自由、保护和平——从而构建秩序。

这是洛克宗教宽容思想的核心表达。

二、密尔：如何获得真理

密尔提出了“生活的试验”和“真理的公平比赛”两个概念，解释了如何在一个多元社会中消解“宽容悖论”带来的冲击和难题。

密尔用一种近乎“常识”的方式来处理“宽容”和它的困境——即人类是可能错误的。

密尔认为，从历史看，人类的真理大部分只是“半真理”，或者是发展中的真理。意见的统一是很难的，除非是对立的各种意见，经过最充分和最自由的“较量”所可能达成的一致的结果，才是无可指摘的。

因此，意见的分歧，在人类还未达到远比今天更能认识真理的一切方面之前，也并非坏事而倒是好事。

对于人类的理性而言，所有这些原则都可以适用于人们行动的方式，并不亚于可以适用于人们的意见。既然说当人类尚未臻完善时，不同意见的存在是可能的，同样在生活方面也可以说：生活应当有多种不同的试验；对于各式各样的性格，只要对他人没有损害，就应当给予自由发展的余地。不同生活方式的价值，应当予以实践的证明，只要有人认为宜于一试。

在并非主要涉及他人的事情上，个性应当维持自己的权利，这是可取的。凡在不以本人自己的性格，却以他人的传统或习俗为行为准则的地方，那里就缺少人类幸福，而所缺少的这个因素，同时也是个人进步和社会进步中一个颇为主要的因素。

密尔指出，这一原则所可能遭遇的最大的挑战就是，人们对于这一目的本身的漠不关心。基于此，我们需要“真理的公平比赛”。

密尔认为，人类常见的冲突有三种情况：

（1）假定公认意见为谬误，从而某些其他意见便为真确。

（2）假定公认意见为真确，那么它与对立错误之间的冲突便正有助于对其真确性的明白领会和深刻感受。

（3）两种相互冲突的教义，不是此为真确彼为谬误，而是共同分有介于二者之间的真理。

这种情景下，公认的教义，只体现真理的一部分，于是就需要“不合”的意见来补足其所遗。在非感官所能触到的题目上，流行的意见往往是真确的，但也很少是或者从不是全部的真理，它们乃是真理的一部分——有时是较大的一部分，有时是较小的一部分——但总是被夸张、被歪曲，并被从其他一些应当相伴随相制约的真理那里分离开来。另外，异端的意见则一般总是某些被压制、被忽视的真理，突然摆脱了缚倒它的锁链，不是对通行意见中所含真理谋求调和，就是把它摒弃为敌方，而以同样的排他性自立为全部真理。后一种情况是迄今最常见的，因为在人类心灵方面，片面性是永远的规律，而多面性则是例外。如此一来，即使在“意见的旋转运动”中，通常也是真理的这一部分落下去，那一部分又升起来。甚至在前进运动中，大部分也只是由一个偏而不全的真理去代替另一个偏而不全的真理。进步之处主要只在于新的真理片段比它所代替的东西更被需要，更为适合于时代的需求罢了。既然即使站在真确基础上的得势意见，也都具有这样的偏缺性质，那么我们就应当珍视凡为通行意见所略去而本身却多少体现部分真理的一切意见，不论其真理当中可能交织着多少错误和混乱。“没有一个人类事务的清醒判断者会因为迫使我们注意到否则我们就要忽略掉的真理的人也忽略了我们所见到的某些真理就感到不能抑制的愤怒。他毋宁要想，正因为流行的意见还是片面性的，这就比在他种情况下更要欢迎非流行的真理方面也有其片面性的主张者；

因为这样通常是最有活力的，最能迫令人们对于那些片面主张者所号称完整而实系片段的智慧予以勉强的注意。”[①]

结合政治上的实践更不难得出结论：在生活中一些重大实践问题上，真理在很大程度上乃是对立物的协调和结合问题，而人们却很少具有足够恢宏公正的心胸能调整到近于正确，因此便只有通过交战双方在敌对旗帜下展开斗争的粗暴过程才能做到。所以我们真正需要的是，在人类智力的现有状态下，只有通过意见分歧才能使真理的各个方面得到公平比赛的机会。

在对基督教真理的探求做出了大段批判和描述后，密尔直言：在人类心灵未臻完善的状态下，真理的利益需要有意见的分歧。

基于历史长河的发展，人们几乎都可以确认一个事实，即几乎一切道德教义和宗教信条都说明了这一点——那些教义和信悯对于其创始人以至他们的直传弟子来说，原是充满着意义和生命力的。可是令人叹息的是，只要使它们对其他信条占上风的斗争持续下

---

① 〔英〕约翰·密尔：《论自由》，见前引，第54页。

去，人们对它们的意义的感觉就不会减弱，或者甚至还把它阐发到更加充分的意识之中。结果，它不是得势而成为普遍的意见，就是停止前进，只保持已得的阵地而不再进一步传播。一旦教义取得了一种地位，即使不算一个公认的意见，也算意见中得到认可的诸派别或诸部类之一，主张它的人们一般也只是承袭了它而不是采纳了它，这时，他们已不像起初那样经常戒备着，不是要面对世界进行自卫，就是要争取世界投向自己；他们已经沉入一种默许妥协的状态，既不愿意聆听反对他们的信条的论据，也不以有利于那个信条的论据去打搅异议者。从这个时候起，这教义的活力通常就可算开始衰退了——密尔称之为“既定意见的沉睡”。

因是之故，密尔认为，宗教的活力有赖于平等自由的对话。

这可以说是洛克宗教宽容思想的合理延续，因为洛克也认为，宗教宽容的三大支柱就是：自由、平等、和睦，而达成的途径就是“说服”——也就是宗教内部、宗教之间、宗教与社会的“对话”。

这种对话的目的是保持对于真理的真诚追求，而非让真相远离人们的“既定意见的沉睡”。

三、托马斯·内格尔：宽容即公正

自由主义的辩护要求诉诸政治论证中的真理来引出一种限制，而且要求从引出那种限制的角度发现一种立场。

公正性的一般条件应当具备比一个人相信确实是正确的具体观念更大的权威，这或许将导致我们服从我们相信是错误的观念，这似乎是悖谬性的，但这就是自由主义的观点。

德沃金（Ronald Myles Dworkin）在《非中立原则》一文中讨论了这个问题。他指的是像“应当在公立学校中讲授真正的宗教”这样的原则，把这种原则应用到特定的情形中去，这“对于其行为被假定是接受所讨论的原则规制的各方来说是一个有争议的问题”。

德沃金认为，自由主义的观点必须依赖于一种怀疑主义的认识论前提——“在宗教问题上，人们不可能得到一种被证成的信仰”。

他认为，罗尔斯的原初状态中之所以要隐瞒关于各方的宗教信仰的知识，是因为这是唯一可能的证成方式。罗尔斯对于宽容的论证离不开这个条件。德沃金反问道：“如果有一种真理，而且它是可以确定的，那么，那些在原初状态中仔细考虑他们有可能是错误观点持有者的人会认为，他们的完整性（integrity）将由于选择应当被隐瞒的观点而受到损害吗？”[①]

不过，在托马斯·内格尔看来，罗尔斯并不是想提出关于宗教知识的一种怀疑主义观点，而是提出对于政治论证中，可以援引的确信类型的一种限制。

罗尔斯说：“我们可以看到，人们拥有良心平等自由，这一点是与人人应该服从上帝并承认真理这种观念相容的。自由的问题是选择这样一种原则的问题：我们通过这个原则来调节人们以他们各自宗教的名义彼此提出的要求。即使假定上帝的意志应当被服从，真理应当被承认，这也仍然没有规定一个裁定原则。”而且，“重要的是要强调，从另外的观点，例如个人道德的观点，或团体成员的观点，或一个人的宗教或哲学学说的观点来看，就可以用不同的方式看待世界和一个人与它的关系的各个方面。但是这些另外的观点并不被引入到政治讨论之中”。[②]也就是说，要求排斥对宗教确信的诉诸，而不是依赖于关于个人信念的怀疑主义前提。毋宁说，它必须

---

① 转引自〔美〕托马斯·内格尔：《道德冲突与政治合法性》，应奇编：《自由主义中立性及其批评者》，江苏人民出版社2007年版，第25—26页。

②〔美〕托马斯·内格尔：《道德冲突与政治合法性》，见前引，第16—36页。

依赖于在证成个人信念的东西与证成诉诸那种信念以便支持政治权力的行使的东西之间的一种区分。正如托马斯·内格尔所指出的，自由主义应当为虔敬者提供宽容的理由。

罗尔斯在《公共理性理念新探》中举例说，如果我们辩称，某些公民的宗教自由应当被否定，我们给他们提出的理由就必须不仅是他们能够理解的——斯文特斯也能够理解为什么加尔文想把他烧死在火刑柱上——而且是我们可以合乎情理地期待他们作为自由而平等的公民能够合乎情理地予以接受的。无论何时，当基本自由权遭到否定，相互性标准一般都遭违背了。因为有什么理由能够既满足相互性标准，又能够为否定一些人的宗教自由，把他人蓄为奴隶，对投票权施加财产限制，否定妇女的选举权提供辩护呢？既然公共理性的理念在最深的层次上厘定基本的政治价值以及政治关系被理解的方式，如果有人认为根本的政治问题应当由他们根据自己关于总体真理的理念——包括他们宗教的或世俗的整全性学说——视为最佳的理由来决定，而不是由所有自由而平等的公民可以共享的理由来决定，这些人当然会拒斥公共理性的理念。政治自由主义认为，这种在政治当中对总体真理的坚持与民主公民身份以及正当法律的理念是不相容的。[①]

但是，为了一致同意成为可能，就有必要把关于人们宗教信仰的知识从原初状态中排除出去，这并不是一个充分条件。

问题在于：是否有一种公正的可行形式，使得有可能把这些因素从一个人接受政治制度的基础中排除出去，否则我们就必须放弃自由主义合法性的希望？

托马斯·内格尔相信，一致同意的要求以及它在这些情形中相对于直接诉诸真理的优先性，必须扎根在某种更为基本的东西之上。虽然这种东西必定与认识论有关，但相关的并不是怀疑主义，而是一种认识论的限制：证成信念所需要的东西与证成政治权力的行使所需要的东西之间的区分依赖于客观性的一种更高阶的标准，而这种标准是奠基于伦理的。虽然无法在不暗示我相信的东西是正确的情况下坚持一种信念，但我仍然必须承认，外在地看，我相信某种东西和它是正确的之间是有巨大差别的，这是一种老生常谈，但我相信，如果我们把自由主义背后的道德思考的一

① 〔美〕约翰·罗尔斯：《罗尔斯论文全集》，陈肖生等译，吉林出版集团有限责任公司2013年版，第618—619页。

般形式运用到这种常见的事实上去，那么，证成信念所需要的东西与证成政治权力的行使所需要的东西之间的区分就出现了。

他辩护认为，存在着道德推理（而不是整个道德）的一种最高阶的框架，这种框架，使我们超出小我，达到一种独立于我们的身份的立场。这种框架无法从我们在世界内部的特殊的和偶然的出发点得出它的基本前提，尽管它也许会认可依靠这种具体的观点，如果这种观点能够从更为普遍的视野得到证成的话。正因为个人彼此之间有很大的差异，而且肯定过着一种复杂的个人生活，普遍的立场不可能轻易地、通情达理地不给予这种认可。但是如果企图肯定非个人的观点之于事实上是特定个人或派别的观点而不是拒斥那种观点的其他个人或派别的观点的权威性，那么就极有可能不给予这种认可。这种不认可尤其会发生在从政治上或社会上强加控制我们的生活的、我们无法逃避的而且是由暴力支持的制度的情形中。道德可以按照不同的方式，在不同的程度上使我们超越小我。基本的和最常见的步骤就是承认，我们的欲求不应当只依赖于我们自己的利益和欲望——也就是承认，外在地看，他人的利益是与我们的利益一样重要的，而且我们应当尽可能去调和我们的利益和他们的利益。但是，由于企图使道德的认识论立场同样成为非个人的立场，自由主义的公正比这一点走得更远。这里的观念是，不管内在地看，我们的确信是怎样证成的，当我们外在地观察它们的确定性时，诉诸它们的真理性就必定显得仅仅是诉诸我们的信念，而且，除非可以从一种更为非个人的立场证成那些信念，就应当作如是观。否则，它们就必须为了某种道德论证，保持一种个人观点的特征——本身受到尊重，但也不过如此。[①]

在这个意谓上，公共领域和私人领域的区分便具有了重大的意义。因为，这并不意味着我们不得不停止相信它们，也就是不再相信它们是真的。作为个人的信念来考虑，它们可能是有充分根据的，或许至少不是不合情理的：个人合理性的标准与认识论的伦理学的标准是不同的。它只不过意味着，从政治论证的视野看，我们必须把我们的某些信念——不管它是道德的或宗教的信念，还是历史的或科学的信念——仅仅当作某个人的信念，而不是当作真理，除非它们能够被给予与那种视野相称的非个人的证成，在那种情

① 〔美〕托马斯·内格尔:《道德冲突与政治合法性》，见前引，第26—27页。

形中，它们就可以被当作不受限制的真理加以援引。

我们接受在私人领域和公共领域之间的一种认识论的分工：在某些语境中，必须把自己的信念仅仅当作信念，而不是真理，不管我如何确信它们是真理，而且自己知道这一点。这与怀疑主义并不是一回事。

四、罗尔斯：对不宽容者的宽容

20世纪90年代后，罗尔斯将自由主义的重点放在宗教上，重新连接到家庭生活和大学教育的早期阶段。

罗尔斯来自一个长老会家庭，年轻时打算当牧师。他的第一篇相关文本是从信徒的角度撰写的。

然而，年轻的罗尔斯失去了他的基督教信仰：也许是“二战”期间作为士兵的罪恶和极端偶然事件的痛苦经历以及大屠杀让他失去信仰转而从事哲学研究。

尽管罗尔斯远离宗教，但他保留了托马斯·内格尔所说的“宗教气质”——对有意义的融合、和解以及与社会和整个宇宙和谐的深切渴望——这种气质塑造了罗尔斯对政治哲学在其自由主义发展的两个阶段中的作用的具体看法：政治哲学旨在通过理性的使用为宗教和非宗教社会成员之间的“和解协定”做出具体贡献，而在《正义论》中，罗尔斯特别就“对不宽容者的宽容”做出了丰富的论述。

罗尔斯首先从“宽容和共同利益”的角度出发认为，从制宪会议的角度看，这些论据要求选择一种能保证道德自由权、思想和信仰自由以及宗教习惯自由的政体。虽然这些自由可能要由于国家在公共秩序和安全方面的利益而经常调整。国家不能偏爱某个宗教，对于加入或不加入任何宗教，不会附加处罚或取消加入资格的规定。关于建立要求人们公开表明信仰的国家，这种意见遭到了抵制。相反，某些团体可以自由地按照其成员的愿望而组织起来，它们可以有它们自己的内部生活和纪律，只受一种限制，即它们的成员对于是否要继续成为其中的一员，可以做出真正的选择。背教，并不违反法律，不过是同根本不信教一样，算不了一回事，更谈不上要受到什么处罚。从这个意义上说，法律是保护庇护权的。国家就是这样来维护道德和宗教自由权的。

由于公共秩序和安全利益，良心自由权要受到限制，在罗尔斯看来，这是每个人都会同意的。因此，这种限制本身很容易由契约观点推导出来，即承认这种限制并不意味着公共利益在任何意义上都高于道德和宗教利益，也不意味着它要求政府把宗教问题不当一回事，或者在哲学信仰与国务发生冲突时声称有权压制这种哲学信仰。

从正义的视角出发，罗尔斯和洛克的看法如出一辙，即政府无权把宗教团体变成合法的或不合法的——这些事情不在正义的宪法所规定的政府权限之内。

罗尔斯指出，按照正义的原则，国家应该被理解为由平等公民组成的团体。它本身与哲学或宗教信条无关，它只是在个人按照他们在某种平等的原始状态中可能同意的原则去追求他们的道德和宗教利益的条件下进行管理。政府在这样行使权力时充当公民的代理人，满足他们的共同正义观的要求。因此，关于有全权的政治世俗化国家的观点也遭到了否定。因为按照正义的原则，事情必然是这样：在涉及道德和宗教问题时，政府既没有权力也没有义务去做它或某个多数（或不管是什么人）希望去做的事。它的责任只限于保证为平等的道德和良心自由权提供条件。政府在用公共秩序和安全的共同利益来限制自由权时，是按照可能在原始状态中得到选择的某种原则来办事的——这种状态中的每个人都承认，破坏这些条件对所有人的自由权都是一种危险。一旦维护公共秩序被理解为是每个人达到自己的无论什么目的（如果这些目的也受到一定限制）的必要条件，是每个人实践自己对道德和宗教义务的解释的必要条件，情况就必然如此。把良心自由权限制在国家的公共秩序利益的范围内，不管这种范围是多么不严格，也是共同利益的原则，即有代表性的平等公民的利益的原则所导致的一种限制。

政府维护公共秩序和安全的权利，是一种由法律赋予的权利。每个人追求自己的利益，按自己的理解去履行自己的义务，都必须有必要的条件，而政府如果要履行自己的职责，公正地维护这些条件，它就必须有这种法律权利。

此外，如果有一种合理的期望，认为不限制良心自由权就会使政府应该维护的公共秩序遭到破坏，只有在这种情况下，良心自由权才会受到限制。这种期望必须以人人都能接受的推理证据和方法为基础。

正义是否要求宽容不宽容的人?

罗尔斯称，这里有几个问题必须加以区别：

（1）一个不宽容的教派如果得不到别人的宽容，它是否有权表示不满。

（2）在什么情况下，一个宽容的派别有权不宽容那些不宽容的派别。

（3）当它们有权不宽容那些不宽容的派别时，它们应当为了什么目的行使这个权利。[①]

---

① 参见〔美〕约翰·罗尔斯:《正义论》，何怀宏等译，中国社会科学出版社2009年版，第166—173页。

罗尔斯还特别指出，宽容不宽容者这个问题，直接关系到在正义的两个原则支配下的一个井然有序的社会的稳定性问题。

罗尔斯承认，即使人们之间存在着深刻的分歧，而且没有人知道怎样靠说理来使它们一致起来，但是，如果人们完全能够就任何原则取得一致意见，那么，他们也仍然能够从原始状态的观点，就这个原则取得一致意见。

这个在历史上产生的关于宗教宽容的思想，可以扩大应用于其他情况。

因此，我们可以假定原始状态中的人知道他们具有某些道德信仰，虽然无知之幕要求他们不知道这些信仰是什么。他们认为，当他们所承认的原则和这些信仰发生冲突时，应该是原则高于信仰，但在其他情况下，他们就无须修正自己的意见，也用不着由于自己的意见得不到这些原则的认可而放弃自己的意见。这样，正义原则就可以对相互对立的道德做出裁决，就像它们对对立宗教的要求进行调整一样。在正义所规定的范围内，具有不同原则的道德观，或者体现同样原则的不同重点的道德观，可以为社会的不同部分所接受。至关重要的是，如果具有不同信仰的人把对基本结构的相互冲突的要求当作一个政治原则问题，那么，他们就应按照这些正义原则来对这些要求做出判断。可能在原始状态中得到选择的原则是政治道德的核心。这些原则不但明确规定了人们之间的合作条件，而且也为相互歧异的宗教和道德信仰以及它们所从属的文化形态订立了一种和谐一致的契约。如果说这种正义观基本上似乎还是消极的，那么，我们将会看到它也有好的一面。①

除了上述看法，还有一些值得关注的看法，比如约瑟夫·拉兹（Joseph Raz）则将宽容建立在个人自主权的价值上，即人们在生活中遵循自己的基本选择的自由。宽容是国家有责任不干涉公民的生活（只要他们不伤害他人）——但这是严格意义上的宽容吗？自由主义国家并不反对无害但无价值的做法；它只是不积极支持和推动它们。国家干预的问题从一开始就不会出现在这种做法上。即使在横向的、人际的层面上，一个行为是人自己选择的表达，并且作为其所选择的生活方式的一部分是有意义的，这一事实使得它不那么令人讨厌，即使它被判断为没有什么价值。根据个人自主的原则，一些信仰和实践是有价值的，与它们的内容无关；它们的价值在于被个人真正采纳为他所

① 参见〔美〕约翰·罗尔斯：《正义论》，见前引，第166—173页。

喜欢的生活方式的一部分，甚至常常构成他的身份。

第三节　走进历史和现实中的宗教宽容

从历史背景上看，宗教宽容问题是中世纪以来西方政治文化中的一个重要议题，也是宗教学研究中不可忽视的一个重大选题。

在中世纪，欧洲各国普遍实行的是教权高于王权或者教权与王权相互融合的政教合一的体制，宗教被理解为国家的内在形式，国家被理解为宗教的外在工具。教会自认为是神的王国，或至少是天国的进阶和前院，而把国家看作尘世王国，即空幻的有限的王国，从而主张国家应当以教会为目的。特别是天主教始终力图在整个欧洲建立起教权的绝对统治，一方面在精神领域用残酷的手段打击异端和异教徒；另一方面在政治领域运用各种手段干预各国的内政，试图将各个国家控制在自己的羽翼之下。

随着文艺复兴、宗教改革和启蒙运动的相继兴起，在政治上彻底摆脱教权的控制就成为理性主义政治文明的主导倾向，从而使信仰自由和政教分离成为启蒙运动最为重要的政治主张。然而，宗教宽容或者说是信仰自由，也可以说是政教关系，依旧是“脆弱”的、复杂的、混乱的和“危险”的——宗教在当今多元社会中的地位是什么？宗教在公共领域的持续存在引发了宗教和社会与国家政治中的作用有关的新的规范性和实践性问题，在西方和非西方背景下依然能引发激烈的政治辩论与政治斗争。所以，要更好地理解笔者对于宗教宽容的定义，我们需要走进宗教宽容的历史和当今世界的困境，一探究竟。

第二章
宗教宽容的历程

宗教宽容是如何来到我们的世界的?

宽容与宗教密切相关，这主要是因为宽容出现在欧洲，最早是避免宗教分歧引起冲突的一种手段。

本章讨论宗教宽容的历史渊源及其主要的思想“节点”，而非旨在给出一种通史的描述，侧重于16世纪前后的宗教改革所带来的宗教冲突中出现的宗教宽容思想的发展。

我们知道，与以往对天主教会权威的反抗不同，宗教改革的成功之处在于教皇和他在执政王公中的世俗“盟友”未能根除和消灭这场叛乱。这一成功使欧洲的世俗统治者面临着其境内深刻的宗教差异的现实。

本章解释了在这种情况下，宗教宽容的思想与宗教差异如何成为世俗政治当局避免其境内的宗教冲突和暴力的一个政治选择的思想基础。

第一节　宗教一统

伟大的英国哲学家培根说过，既然宗教是人类社会的主要维系，那么，要是它本身能居于统一的真正维系之中，自然是一件很好的事。关于宗教的争执和分裂是异教徒所没有的恶事。原因是异教徒的宗教并无任何坚定不移的信仰，而只有仪式和典礼。他们教会中的主要宗师和长老乃是诗人，从这一点就可以想到他们的宗教是什么样的一种宗教了。但是真正的上帝有这种性质，就是他是个“忌邪的神”；因此他的崇奉和宗教便绝不容有混杂和伴侣。[①]

对于宗教一统的结果，培根则认为“优势”存在于两点：一是对教会以外的人的，二是对教会以内的人的。对于前者，“无疑的异端和分裂是各种丑事中之最丑者；真的，这两桩事甚至比伤风败俗还坏。因为，如同在肉体上创伤或割裂是比一时不良的体液为劣，在精神上亦复如此。所以再没有比‘统一的破坏’更能使在外者不入教堂，在内者急欲出外的了。因此，到了这种情形的时候——就是，有的人说‘看哪，他

① 〔英〕弗朗西斯·培根：《培根论说文集》，水天同译，商务印书馆2001年版，第5—6页。

在旷野之中’。又有人说：‘看哪，他在密室之内’。那就是说，有的人在异端的秘会里找寻基督，又有人在教堂的外表上找寻基督——在这种时候我们的耳中须常有那句话——‘不要出去’。那‘外邦人的宗师’（他的使命的特性使他对于在教会以外的人特别地在意）曾说：‘假如一个异教徒进来，听见你们七嘴八舌地说话，他难道不要说你们是疯了么？’再者，那无神论者和世俗之人听见宗教之中有如许冲突矛盾的意见，他们的意见比上面所说的异教徒的意见必然好不了多少；这种情形使他们要离开教堂，去‘坐在亵慢人的座位之上’”。[①]

一、基督教与国家权力

历史地看，作为受迫害者的基督教因为罗马帝国态度的转换而获得了国教的地位，基督教一开始就尝到了权力的“味道”——特别是和国家权力的结合。

张庆熊指出，基督教要成为国教需要三个条件，首先，公共性的基本要求是对所有的人开放。如果它只是某一民族、某一社会阶层的人的宗教，它就会引起民族冲突和社会冲突。因此，它必须对所有的民众

① 〔英〕弗朗西斯·培根：《培根论说文集》，见前引，第5—6页。

开放，即便有些人以往由于各种民族或社会的原因不属于该宗教，但是该宗教在原则上应对他们敞开大门。其次，它要承担具有普遍意义的道德教化和社会服务的职能。最后，它要顺应社会的主流文化和适应国内大多数人的生活习惯。①

显然，基督教是具备这些条件的，而作为国教的另一个必备条件是当权者的接纳和扶植，基督教遇到了，因此基督教的发展从一开始就和政治权力纠缠在了一起。

从上述分析中，我们不难看出，公共性、社会职能和适应主流都是一个公共问题，因此，可以说，早期基督教是在一个公共性中寻找生存的空间，他与公共性的“亲和”甚至是依赖也就是自然而然的了。

从效果上看，罗马皇帝对基督教的支持，固然有助于基督教在整个罗马帝国的传播，但也会给基督教带来新的问题。这时，国家政权与基督教会之间建立了一种“同盟”关系。国家支持教会，给予它一些特权，但也想控制教会，使其为帝国的统治服务。君士坦丁大帝自称是“教会以外的主教”，是教会的指导

① 张庆熊：《通往罗马路上的文化交流和融合——解读早期基督教会从受迫害的宗教到成为“国教”的历史》，《复旦学报(社会科学版)》2017年第6期，第27—32页。

者。他为了帝国和教会的统一，毫不犹豫地干涉教会的内部事务，驱逐他所不满意的主教。他不仅仅为基督教在罗马帝国的社会中奠定基础，也准备了政教合一的“国教传统”或“政治高于教会说”和“拜占庭主义”。

在后来的历史上，东罗马接受了这种制度，它成了一个无法改变的恒定原则。随着基督教成为罗马帝国的国教，基督教会变得有权势了。教会从民间的受压抑的团体成为政教合一的显赫机构。有一些投机分子为谋取权力、地位和利益加入教会，教会的上层出现腐败现象，这是基督教成为国教后的新问题。

中世纪的神权政治认为，世界是由两种力量统治的：被赋予神圣权威的主教和作为世俗主权者而拥有独特权力的皇帝。他们之间有一个基本区别：皇帝的统治是通过外部手段，即通过武力和权力来实现的；主教的统治是通过道德权威来实现的，因为他代表和传达了真理，主教并不要求自己拥有给予皇帝的荣誉。主教的任务是评判被赋予这种荣誉的人的统治，主教永远不可能成为皇帝，他不能统治世界，尤其不能用外部政治手段，但主教对世界负有精神上的责任，这是一种牧养的责任，需要关注的是人的永恒救赎，是要根据“真正的道德”来判断应该如何行使世俗的统治。此时的罗马皇帝是一位基督徒，他不在教会之上，而是在教会之中。

二、政治神学的挑战

熟悉历史的人都知道，当基督教会从犹太人的传统里走出来，而使非犹太人涌入教会的时候，它就面临着政治神学的挑战。

基督教会的真正任务是把上帝在基督里的救赎带给人们（参见《马太福音》28：19），不仅是通过传教，而且是通过聚集在主的周围，由圣灵和圣事生活来实现。

因此，基督徒在宗教生活上和社会生活上将自己区分开来，在政治上抵制参与帝国的官方崇拜，即把他们的祭品带到皇帝面前，以表示对他的统治和帝国的忠诚，犹太人被免除了祭祀。但是，基督徒不可能因为这种政治宗教上的缺陷而长久地免受迫害和惩罚。尽管如此，教会仍坚守耶稣和使徒们关于世俗当局的教导。他们是上帝指定的惩罚恶行的机构，因此必须服从。（参见《罗马书》13：1—7）

这个世界上所有的权威都来自上帝。政府有权力反对邪恶，确保社会政治秩序。（参见《约翰福音》19：11；《彼得前书》2：13—17）如果世俗当局命令信徒做一些有罪的事情，那么信徒可以不服从命令。在这种情况下，“顺从神，不顺从人，是应当的”（《使

徒行传》5：29），这就是教会中的宗教生活与政府统治下的社会生活之间的原则性区别。（参见《马太福音》22：15—22）

在4世纪，罗马帝国发生了根本性的政治神学变化：基督教首先被合法化，然后被赋予特权，最后成为国家宗教。

392年，罗马帝国的所有异教崇拜都被禁止，从那时开始，教会有了基督教的皇帝在“身边”，帝国成为一个基督教帝国。

然而，教会并没有一直“上升”到帝国“教”的地位——它试图保持其完整性，因此，政治神学问题就必然出现——教会在这个世界上，但不属于这个世界；它在历史中，但却有着一个“超越 ”性的目标，那就是历史的结束和全新事物的开始——天国的胜利。

迥异的是，在所有的社会中，世俗的权威都会寻求确保社会的统一性。在异教帝国，这是以宗教手段通过对君主的崇拜完成的，人们表现出对国家的政治忠诚。基督徒对皇帝崇拜的抗拒则是一种政治反叛行为，反叛的原因在于，教会是一个在社会中的团体，但同时也超越了社会，并将其推向另一个现实：在意识到这种由基督带来的超越现实的情况下，信徒们宁可选择殉道而不是背叛信仰。

这个政治神学问题引发了历史上为确保社会统一而进行的频繁尝试。在许多个世纪中，教会不仅被纳入政治国家的统一体中，而且还成为其持续的意识形态和实践道德的力量。与此同时，它保留了自己的完整性——在与世俗当局的关系上，重要的是要保持教会的自由。早在与罗马帝国的强制宗教（君主崇拜）相遇时，教会就强调宗教自由的权利。

近代以来，新教试图独立于教会，在没有教会的帮助下，甚至通过压制宗教来确保社会的统一。

三、国家与教会

皇帝与教会的摩擦，特别是与主教的摩擦，主要表现在教义问题上。帝王们考虑的是政治统一，坚持要做某些妥协，而教会及其大公会议，特别是教皇却一心将教义定为唯一的、正统的、统一的基础，因此并不能容忍王公们侵犯教会的权威。

一连串的教义分歧使教会不得不拟定统一的教义——这些争论最后导致对异端邪说的谴责。

在中世纪，教会不是一个“国家”，教会其实就是国家。

政治和宗教一统的罗马天主教神学中，最独特的地方就是关于“教会”的论点。天主教强调，教会在救恩中，担任“中保”的角色。圣品阶级经由圣礼，将神的生命传递给信徒。信徒必须服从神职人员。教会有绝对的权柄，因为基督将权柄赐给彼得，教会是借彼得建立起来的。而教皇乃是彼得的继承人。

对于16世纪以前的人们来说，孜孜以求地寻求宗教一统似乎是天经地义的事情。

在宗教改革之前的几个世纪里，也就是我们现在所知道的中世纪欧洲，统治当局几乎不承认任何与既定教会有分歧的基督徒的宽容理由具有合法性。

奥古斯丁经常被中世纪的政权引用认为他支持《圣经》中关于迫害而非宽容那些与教会正统观念相左的基督徒的相关理由。托马斯·阿奎那则认为异教徒不仅是需要拯救的迷失的灵魂，而且如果他们拒绝悔改，就是基督教脸上的毒瘤，应该被强行清除，因此，阿奎那支持对异端分子判处死刑。

所以，可以说，在中世纪，由于天主教会的“物质”力量和宗教“独一”优越性，以及它与那些愿意在其领土上维护其权威和教义的世俗统治当局建立的联盟，那些被指定为“异端”和“亵渎”的人就有可能被迫害，必要时被消灭。

因此，在整个中世纪，尽管有大量的反对表现，但天主教会在欧洲保持了制度和教义上的至高无上的地位，通过教义和福音传道以及武力维持了其统治地位。直到16世纪的新教改革，其至高无上的地位才为成功抵制所有镇压的“异端邪说”所颠覆。

四、分裂的实质

诺思分析认为，一切自然国家都面对同一个难题，即如何通过给予精英个人和组织以经济和政治上的激励来使他们相互合作，继而维持支配联盟。[①]在初级的自然国家，所有的组织——政治的、军事的、经济的、宗教的和教育的——都被严密地整合进了支配联盟的结构中。出于便利的考虑，历史学家和社会科学家们常常将军事组织等同于“国家”，但教会参与到国家事务中的程度并不比军事首领低。到了查理曼统治时期，教会和国家组织的紧密结合产生了一个根本的结构性问题。查理曼的加冕典礼没有回答这个问题：到底是教皇任命皇帝，还是皇帝任命教皇？[②]

天主教会，或者说基督教，始终因为其和权力的纠缠而使其自身变得形象模糊。

如果从法律角度看，天主教会是以罗马法为基础的，

---

① 〔美〕诺思（Douglass C. North）、〔美〕瓦利斯、〔美〕温格斯特：《暴力与社会秩序：诠释有文字记载的人类历史的一个概念性框架》，杭行、王亮译，格致出版社、上海人民出版社2013年版，第83—92页。

② 〔美〕诺思、〔美〕瓦利斯、〔美〕温格斯特：《暴力与社会秩序：诠释有文字记载的人类历史的一个概念性框架》，见前引，第83—92页。

特别是《查士丁尼法典》中的“教会须依据罗马法律”。

在罗马法中，皇帝是法律的创造者，是在法律之上的。皇帝之高于法律，不仅是作为个人，还包括他的社会角色。罗马帝国覆灭后的一些年里，教会在规定秩序方面，发挥着越来越重要的作用。这就出现了问题：教皇的法律基础源自皇帝。如果教皇任命一个皇帝并承认他为合法的皇帝，那么教会的法律基础就是根源于一个像“世界的统治者”一样的皇帝，或者是像“上帝的尘世代表”一样的皇帝。

怎么可能教皇任命一位皇帝，而皇帝又可以任命一位教皇？难道教皇和皇帝都是上帝的尘世代表？

查理曼是由教皇加冕为皇帝的，出于对教会的尊重，当教皇与伦巴第人打仗时，他去保护了教皇。他推动了大教堂的兴建并对修道院进行支持。他许给教会以及特定的一些教堂和修道院以大批的土地。他签发了公文和特许证书，正式免除对单个教堂和修道院的特定税收和管理。查理曼的所为是在他自己和教会都接受的法律框架之内。他还鼓励其他的贵族去建造教堂并安排他们的持续捐助。这些实践的发展，导致专有教堂的确立。在专有教堂，捐赠者可以任命教士或主教，而教士和主教则可以得到捐赠者的持续支持作为回报。在中世纪，这些问题没有得到确定的回答，虽说有些观点曾被热烈地讨论过。

下一个重大的危机是发生在1378年的“两个教皇”事件，事实上是教会屈从于政治压力的产物。

最终，根据康斯坦茨会议的原则，教会逐步发展出了处于国家保护伞之外的法人身份。

具有讽刺意味的是，尽管康斯坦茨会议的宪政条款牢牢地嵌入在教会法中，却没有预防到强大的教皇的反扑。教皇们很快就中止了定期举行理事会的制度。教皇不仅仍然是教会的领袖，还是神在尘世的代表，从而仍然凌驾于有关教会的法律之上。权力有效地集中于教皇和罗马教会，是导致1520年之后的改革的强大推动力。如果康斯坦茨会议所颁布的法令实际上是教会法，那么，教皇凌驾于其上就是违反了宪政。对于天主教会来说，要解决这个问题绝非易事。[①]

宗教改革事实上就是重新界定真正的宗教和真正的社会之间合法关系的建构过程。

第二节　宗教改革

历史上关于世俗权力和宗教权力孰优孰劣、孰先

---

① 〔美〕诺思、〔美〕瓦利斯、〔美〕温格斯特：《暴力与社会秩序：诠释有文字记载的人类历史的一个概念性框架》，见前引，第83—92页。

孰后的争议不断。

托马斯·阿奎那就认为，宗教权力和世俗权力都是从神权中取得的，因此，世俗权力要受宗教权力的支配，如果这是由上帝规定的话，即在有关拯救灵魂的事情方面。在这些问题上，人们应先服从宗教权力，然后再服从世俗权力。可是，在有关社会福利的事情方面，应该服从的是世俗权力而不是宗教权力，因为“恺撒之物应归恺撒”。当然，除非是宗教权力和世俗权力集中在同一个人的身上，如集中在教皇身上，因为，根据既是祭司又为国王的基督的启示，教皇的权力在世俗问题和宗教问题上都是至高无上的。[①]

马丁·路德的分析更具有现代意义，不过他的基础依旧是宗教的，这一切的改变，直到约翰·洛克方得答案。

茱迪·史珂拉指出，这是因为“（政治）强制并未终结，但对这种强制的限制，首先是从禁止侵犯私人领域开始的”。[②]

私人领域的出现，并非简单地是一个宗教信仰问题，而是一个经济、政治、社会结构发展的必然，但它

---

① 〔美〕托马斯·阿奎那：《阿奎那政治著作选》，马洁槐译，商务印书馆1963年版，第152—153页。

② 〔美〕茱迪·史珂拉：《恐惧的自由主义》，见前引，第7页。

突出地、集中地甚至是激烈地表现在了宗教问题上。[①]

所以，从历史演进的角度看，宗教宽容首先是一种政治美德，而后才是道德美德。

宗教改革所带来的宗教差异是最终导致欧洲一些政治当局采取宗教宽容政策的原因之一。

首先，对于持不同意见的信徒来说，他们的宗教信仰往往是他们生活中最重要的因素，也是他们管理自己的行为和调整与周围人关系的依据；其次，宗教改革带来的“分裂”让信徒，特别是新教徒普遍认为，信仰最终是个人的事情，是个人与上帝之间的事情，而不应该是由权威的教会或国家机构来管理的事情。

因此，一些新教徒——不是所有新教徒——得出的结论是：如果信仰是一个人生活中最重要的因素，如果它是涉及个人与上帝之间关系的个人事务，那么教会或国家——或更广泛的社会元素——不应干涉这一点，而是应该“宽容”，这意味着一个人有权就这些问题做出自己的选择，只要这些选择不对社会或国家造成任何实质性伤害。

一、马丁·路德的位置

在今天这样一个多元共生的世界当中，宗教信仰

---

① 〔美〕茱迪·史珂拉：《恐惧的自由主义》，见前引，第7—8页。

林立，基督教作为世界三大宗教之一，在其内部各种教派也是纷争依旧。

但剥开纷繁的世相，我们应该清楚地看到，宗教之间、同一宗教内部教派的争论，其根本的冲突点、交会点就是宗教自身的教义教理、礼仪规章等等之间的不同理解所塑造的。

马丁·路德和天主教会与其他新教教派之间的矛盾集中点就在于改教原则和神学理念。

如果想理解马丁·路德的政教关系哲学，或者说宗教宽容的思想，就必须从马丁·路德的神学思想，尤其是他关于《圣经》的解读和律法与福音等基本神学理解和变革出发，而不是本末倒置地回到时代中从俗世的政治生活寻找答案。尽管这是认识马丁·路德的宏大背景，但不是理解马丁·路德的关键与核心，更不能替代与“偷换”。

这也是解读马丁·路德和宗教改革时期政教关系思想和其他启蒙思想家——现代性意义上的思想家、政治家——最大的不同点。

在这个意义上说，马丁·路德属于一个明晰的转折：宗教改革是宗教上的剧变，答案应当从宗教（神学）中去寻找和探索。

宗教改革——这场本不在马丁·路德初衷的变革

所带来的是拉丁基督教的信仰分化以及在这个过程中所形成的欧洲现代化。

教会分裂了——拉丁基督教不再由一个统一的教会所控制，而是由罗马教会、信义宗、归正宗、圣公会等教会分别代表；由此产生的文化和社会分化催生了现代多元文明。

不过，旧欧洲社会特有的标志性的神圣与世俗、宗教与社会、教会统治与政治统治的纠缠乃至融合的场景已经破碎，取而代之的是路德本人以及宗教改革以后的教会都仍然持有不允许在同一个共同体（社区、领土国家和民族国家）中有不同的宗教信仰存在；每一个教会都认为自己占有真理，并尝试运用所有权力手段实现自己教区内的符合自身信仰的世俗（国家）统治。

这样，近代欧洲通往宽容、多元主义和现代意义上的自由之路上便充满了敌意、深刻的仇恨、恶意、残忍和暴力。

马丁·路德对于世界的影响怎么阐释都不为过，但也会面临着任何一个角度的阐释都会发现不同的马丁·路德的问题，甚至于理解的进路不同、选取的角度不一、思维的方式有异等等都会塑造一个全新的马丁·路德——更何况，马丁·路德留给我们的著述可谓一笔巨大的遗产，总共54卷魏玛版《路德全集》记录了各个不同时期路德的神学思想和主张。

我们也要清醒地看到，马丁·路德是一个神学家。马丁·路德首要是而且永远是一个接受专业神学训练的神学家，马丁·路德的初衷是要净化教会，而不是推翻教众，他终其一生都在为自己的信仰而战斗。

马丁·路德不是一个封锁在书斋中的闭门的学者。和伊拉斯谟不一样，马丁·路德是在以全部生命与罗马教会权威和体制抗争、挑战的过程中顺应了德意志民族的选择，在这一历史过程中他留下的大量的专论、讲章、演讲、书信和《圣经》注释所构成的是一个奠定新教教会坚实基础的神学传统。①

因此，在这样的意义上，他历史性地被公认为整个基督教新教史上的第一位神学思想家。马丁·路德开创了一个全新的历史时代，他“本身虽然从未领衔过什么教会领袖或者权贵，但他的同道们却以他的创制性理念建立起教会并以他的名字来作为教会之称谓；后世新教主流教会几乎所有的神学思想都是发轫于其独特的改教原则。他从未设想过分裂罗马公教会，但他之后，各种

① 王艾明：《马丁·路德及新教伦理研究》，译林出版社2011年版，第4页。

各样完全有别于罗马公教会的新的教会形态此起彼伏、层出不穷。今天,我们在思考路德的神学遗产的时候,我们必须对路德本身有一个历史的分析和确认。他有他的局限性,因为他毕竟是生活在历史中的具体的人”。[①]

二、宗教宽容是讲给谁的?

马丁·路德要回答的是何谓真正的信仰、真正的教会、真正的国家这三个核心的问题。

鉴于篇幅和马丁·路德自身思想的丰富性、复杂性和多元理解,历史诠释、文本解读的异常丰沛,笔者只是截取一个片段——马丁·路德的经典文本《论世俗权力:该服从至何种程度》[②]——为探讨和阐释对象,并结合相关的研究,试图从中梳理出马丁·路德有关政教关系的核心思想,尤其是国家和教会在政教关系

---

① 王艾明:《马丁·路德及新教伦理研究》,见前引,第6页。

② 关于文本,笔者采用的译本是〔德〕路德:《路德选集》,徐庆誉、汤清译,宗教文化出版2010年版;另有〔德〕路德、〔法〕加尔文:《论政府》,吴玲玲编译,贵州人民出版社2004年版。此外林纯洁认为,路德早期的“两个王国”理论,以1523年出版的《论世俗权力:该服从至何种程度》为核心,这是路德早期关于两个王国及其政治思想最重要的一部著作。在其中,路德继承了奥古斯丁的“两座城”理论,提出了“两个王国”理论,这是学术界的共识。特别是,这篇文章的概念使用清晰,没有后来的混用问题,因此备受重视。徐龙飞教授也指出,路德有多种不同的探讨俗世政治的作品,而其中最著名、最成熟的著作是发表于1523年3月的《论世俗权力:该服从至何种程度》。

中所扮演的角色[①]——马丁·路德的宗教宽容思想。

（一）理解马丁·路德的宗教宽容思想要从其所属的时代出发。

每个人都是属于他自己时代的，对于马丁·路德而言，他所要做的工作，即便并非初衷，也或许正有此意，但目的非常明确：真正的信仰、真正的教会、真正的国家——路德眼中的时代，这些都已经“腐坏”了。

如前所述，在这个背景下，马丁·路德的宗教改革事实上就是重新界定真正的信仰、真正的教会和真正的国家之间的合法关系的建构过程——秩序的解构、建构与重构。

（二）昆廷·斯金纳说马丁·路德的政教关系学说具有两项十分重大的神学含义：教会拥有的有限管辖权和世俗当局权力的无限扩大。[②]并强调路德的这些结论是以基督教教义作为根据的。

笔者认为，昆廷·斯金纳的分析似乎弱化和简单化了马丁·路德的缜密与担心，也忽略了马丁·路德

---

① 本书中对于“两个王国”理论的哲学基础的论述更多的得益于王艾明博士的著作，参见王艾明：《马丁·路德及新教伦理研究》。

② 〔英〕昆廷·斯金纳（Quentin Skinner）：《现代政治思想的基础》，奚瑞森、亚方译，译林出版社2011年版，第13—16页。

的文本看似解说现实问题，实际上更深入地表达了一种双重焦虑：对政治和宗教，两者追逐权力的忧虑和恐惧，尤其是这种追逐的结果是对于人——个体的人，无论是基督徒还是非基督徒的荼害与威胁。

路德的改教原则可以概括为：在教会教义史上，构成新教神学传统的最为著名的几项原则，便是来自路德的神学创制，这就是三个“唯靠”和几个主要的神学原则——被称为改教三原则的“唯靠恩典”“唯靠《圣经》”“唯靠信仰”。

这是出自经路德改教同道梅兰希顿汇集的《奥格斯堡信纲》，后来构成整个信义宗教会教理基础的教会认信文献。

路德改教原则和神学立场在此得到基本表述，这也是对在1521年路德及其追随者们受到《沃尔姆斯敕令》被处以绝罚后萌生建立有别于罗马公教会的新的教会形态的文献记载。我们至今仍然可以通过对这部信纲的研究回顾过去500多年来，信义宗教会和其他新教教会神学传统与这部信纲间的渊源。可以说，当我们思考路德，决志于宗教改革和后来整个新教世界迅猛成形和扩展时，其神学传统的基本立场都可以在这部信纲中得到创制性的表述。[①]

---

① 王艾明：《马丁·路德及新教伦理研究》，见前引，第7页。

王艾明分析认为，一个全权的教会从整个体制上陷入危机，不外乎其属世的和神学的权威发生了动摇，或者失去了公信力。路德就是首先动摇这个超级政体之伦理基础的人。他挑战罗马最高权威的第一步就是从神学和伦理学层面思考和发问罗马教廷是否独具解释真理的权力。路德以唯靠《圣经》来取代罗马教廷的独断权威。[①]事实上，在宗教改革之前，其他权威性的来源如传统或哲学论证，无论多么受人尊敬或多么合理，如果不能首先从《圣经》上证明其具体内容，就不能可靠地认可教会教义和实践。可以肯定的是，《圣经》一直是基督教神学和教义第一的和最重要的来源。中世纪的学术派别、论战和各种论证尽管是宗教改革论战的经常性目标，但在权威的神学和教义方面，《圣经》优先于其他一切。

（三）政治和宗教一统的罗马天主教的神学中其最独特的点就是关于“教会”的论点。

对于16世纪以前的人们来说，孜孜以求地寻找宗教一统似乎是天经地义的事情。而今，这种一统的局面，一去不返了。

自马丁·路德于1517年在维滕堡教堂门口张贴

① 王艾明：《马丁·路德及新教伦理研究》，见前引，第13页。

《九十五条论纲》揭开宗教改革的序幕，并在1521年被教皇利奥十世开除教籍之后，基督新教诸教派与罗马天主教之间的冲突和矛盾，就成了欧洲历史的重要背景之一。

马丁·路德有他的局限，我们后面会谈及——他只是历史的代言人，但毕竟马丁·路德的宗教改革对中世纪教会和神圣罗马帝国给予了致命一击。

过去，罗马天主教虽然常常引起争议，但是大体上仍赢得了欧洲人的臣服，然而，宗教改革之所以大获成功是因为它与世俗的民族主义和德意志反抗教皇制度和神圣罗马帝国遥相呼应——尤其是反抗后者企图获取对于整个欧洲的统治。

由于宗教改革，天主教普世帝国的野心和梦想最终幻灭了。

各种分散的欧洲民族和国家获取了权力，取代了西方基督教世界古老的理想化的统一性，而新秩序的特点则是“激烈的竞争”。

就这样，再也不存在一个各国需要向其表示尊敬的更高的国际性的属灵的权力——世界变得更世俗化了！

三、马丁·路德的宗教宽容思想

《论世俗权力：该服从至何种程度》这一文本的背

景：沃姆斯国会后，路德本人被视为罪犯，著作被焚毁，从者遭迫害。他的《新约》德文译本于1522年出版以后，不仅查理皇帝，而且巴维利亚公爵、勃兰登堡选侯和撒克逊公爵乔治都严令禁止销售和阅读。尤其是乔治在该年所颁的禁令，特别激起了路德来写作论述俗世的权力，以求指明俗世的权力，并不及于属灵的范围，也绝不能统治人的信仰和良心；路德写作此文的另一动机，乃在使基督徒明了俗世权力的性质，对它服从的限度，及其与教会的关系。

《论世俗权力：该服从至何种程度》内容可分为三部。

第一部论俗世的权力，重申路德在《致德意志基督教贵族书》中的立场，认为这权力也出于上帝，作为赏善罚恶的工具；基督登山宝训不是给完人的劝告，而是一切基督徒所应遵守的命令，适用于他们个人的生活；基督徒个人应忍受不义，在他们当中政府和刀剑如同起誓一样是用不着的；世界邪恶，非有政府和刀剑不可；基督徒自己虽用不着政府和刀剑，但因爱心必须服从政府，可以做官、当兵，不过牧师是例外，因他们仅宜以口传道，克服邪恶。

第二部是全文的主干，讨论服从俗世的权力，以及到什么限度为止。路德认为俗世的权力只及于外表的生活和属世的国，不及于内心的生活和上帝的国，所以俗世的权力不可侵犯信仰和良心，以及上帝的国。信仰和良心只受上帝统治，在此顺从上帝，不顺从人是应当的。治理教会，防止异端，乃属于主教的职权，而主教所凭借的不是武力，而是上帝的话。

第三部指导俗世的权力应信靠祈求上帝，用智慧治理；应效法基督，以服务人民为首务；应谨防权贵和顾问，不可过分信任，反要勤于亲政；应聪明处罚恶人，以免贻害无辜。在笔者看来似乎谈论得更多的是关于“抵抗”或者“反抗”的合理性和合法性的问题。

路德论及此文的重要性时曾说：“自从使徒以来，凡论俗世的政府及其主权的著作，从未有如此文一般透彻明了的。”

《论世俗权力：该服从至何种程度》将政府的由来、性质、基督徒个人对政府和战争的态度、政教关系以及政府的职责都论及了，所以，它在近几个世纪基督徒的政治思想上是一部极为重要的著作，尽管路德的政教思想极其丰富，但我依然认为此文可以作为路德政教思想的核心文本加以分析。

（一）两种统治权之关键词：平等

1.路德神学的试金石之一就是他关于世俗权柄和

精神权柄之间的区分理论。[①]

在路德关于世俗权柄和精神权柄的论证中，我认为首先看到的是一种平等的观念。

这是非常具有现代性的一种思维，即“在教人”和“俗世人”是没有区别的，在精神上都具有同等的地位。

2. 路德对《创世记》非常重视。

很大程度上，《创世记》这卷书可以被视为一个比喻，反映的是在无法无天与依法行事两个极端之间创制的过程。无法无天的是一个平等的世界，却是一个不安的世界，这和后代启蒙思想家的“自然状态”颇为类似。

所以，路德开始并没有直接提出“两个王国”的区分，却强调必须树立法律和武力——俗世的必须——这想必有他对《圣经》的理解的考虑。

3. 在面对诡辩派的“驳斥”的时候，路德亮出了第一个平等：人的平等。

路德坚决反对把基督徒分成两类：一类为“完人”——把劝告交于他们；另一类为“非完人”——把诫命交于他们。路德愤恨于这种区分，因为这“完全是出于他们的邪恶和任性，毫无《圣经》的根据。

① 王艾明：《马丁·路德及新教伦理研究》，见前引，第23页。

他们不晓得，基督在同一段经文里，如此注重他的教训，甚至连其中最小的一点也不愿意废掉，而且将那不受仇敌的人，罚下地狱”。

所以，路德很明确地表示不存在“完人”与“非完人”的区别，在基督面前，人是平等的——我们解释这些经文，必须与诡辩派迥异，使基督的话，对“完人”与“非完人”都可以适用。因为完全与不完全并不在乎行为，在基督徒中间也并不建立一种显明的等级，完全与不完全在乎内心的信与爱，所以凡信心与爱心最大的人，即是完人，不管他是男是女，是王侯或是农民，是修道士或是平信徒。因为爱与信并不产生派别或外表的区别。

4.正是在第一个平等的基础上，路德才开始了第二个区分：上帝的国与世界的国。

有学者认为路德两种统治权的论述表明其上帝之国和世俗之国要明确区分，我并不认同。我以为路德的两种统治权只是外延的不同，但内涵都是一样的，两国是并存且不矛盾的，只是涵盖的对象不同而已，但根本的目的是统一的：即基于上帝的平等的人的统治。

5.路德对基督徒和非基督徒在两国的“身份”和职责做了界定。

基督徒不需要俗世的刀剑和法律。

所有的非基督徒属于世界的国，并且处在法律之下。

基督徒不需要俗世的刀剑和法律——但不义的人不行法律所要求的，所以他们需要有法律去教训、管束、驱使他们行善。

6.两种统治权说中的精神的权柄和属世的权柄绝对不是教会和国家这对范畴。

精神的权柄不是指教会的权柄，而是指精神层面上的基督教信仰系统。

两种统治权说也不意味着在我们之间有人属于前者，有人属于后者，或者说，基督徒是属于上帝的子民，非基督徒则属于属世的国家统治权下的公民。

这样的理解是完全背离路德的神学思想的，也是和《圣经》真理相违背的。

两种统治权说的奥秘在于，我们每一个人，在良知层面，同时属于这两种权柄之下。

简言之，每一个人既可以成为有精神和信仰的人，也可以同时成为国家法律和正义秩序的维护者和受益者，两者之间不是对立和矛盾的关系，而是辩证的关系。[①]

7.宗教改革对于政治－宗教的发展，不论是在个人还是在国家的层面上造成的影响都非常重大。

---

① 王艾明:《马丁·路德及新教伦理研究》，见前引，第26页。

随着世俗的统治者规定其境内的宗教，宗教改革在不经意间将权力从教会转移到了国家，就像从教士转移到平信徒一样。

许多重要王朝由于选择了天主教，继续试图保持中央化和绝对化的政治权力，这就使得新教与一些寻求维持或者推动各自的自由的抵抗团体——贵族、教士、大学、行省、城市结盟——新教的动机就与政治自由的动机联系在一起了——宗教改革关于个人宗教的自我责任以及一切信徒都是教士的新观念也有助于政治的自由主义和个人权利的成长。

与此同时，欧洲宗教的四分五裂推动了新的学术和宗教的分裂。

所有这些因素产生了一系列日益世俗化的政治和社会后果：首先是个别的国立教会建立，其次是教会与国家分离、宗教宽容，最后是世俗社会占据主导。

宗教改革过分粗疏的教条主义的宗教思想终于孕育出了现代多元化的宽容的自由主义。

（二）自由：信仰不可强加

1.用路德的方式表达就是，当我们身处公共生活领域时，当我们的不宽容部分导致了来自公共权力的禁令时，一句话，当宽容的行为不是由个人做出，而是由国家做出时，宽容所涉及的就完全是另一类问题了。当做出这一禁令的能力——当诉诸公共力量来维护这一禁令和法统以惩处可能违犯它的人们时——当如此行事的能力处于危机时，我们所处的危机也是各异的。

至此，人们就必须努力回答国家宽容的限度是什么?

路德指出，世界的政府所有的法律，只及于生命、财产和世界上外表之事。至于灵魂，只受上帝统治。路德在引用了《圣经》文本后非常明确地表示，任何强迫他人信仰的行为都不是上帝所悦纳的，而且俗世的权力若是用这种凶暴的法律强迫人，乃是把人驱入永死，因为它强迫人将那不一定，甚至将那既没有上帝明显的话为根据便一定不为上帝所喜悦的事相信为对的和一定为上帝所喜悦的事。

2.路德进一步指出，教会也不可信！因为教会除非确知上帝的话，就不吩咐什么，一句话，没有人应该或能够指挥灵魂，除非他能够给灵魂指出进天国的道路，但除上帝以外，这是没有人能够做到的。所以，凡关于灵魂得救的事，除上帝的话以外，人不应该教导或接受别的。

路德更进一步反对教会和政权的结合来强迫人信仰，对于路德来说，神职人员并不比我们在信仰问题上有更多的处置权。

有人用《圣经》上的话语来反驳路德，路德明确表示，保罗在《罗马书》第13章曾说，“在上有权柄的，人人当顺服他”——他所讲的不是关于信仰，也没有说俗世的权力应该有控制信仰之权。他所讲的是外表的事物，这些事物是应该加以整理控制的——服从俗世的权力仅是在于钱粮、租税、尊敬和惧怕上面——人的制度绝不能扩张它的权力到天国和灵魂方面。

3.路德明确地指出，基督自己替权力划了这一条清楚的界限。

总括地说，“恺撒的物当归给恺撒，上帝的物当归给上帝”——灵魂不在恺撒权力之下——恺撒对灵魂既不能教训，又不能领导，既不能毁灭，也不能存活，既不能捆绑，也不能释放，既不能审判，也不能定罪。假如他对灵魂有权力下命令，并用法律控制的话，他就必须这样做了。但他对生命、财产和荣誉，真是有这权力，因为这类的事在他的权下。

（三）信仰是良心事项

暴力不能使人屈服，更不会让人信仰，甚至异端也是如此。对于路德来说，异端是一个心灵问题，不是铁打火烧和水淹所能克服的，而且，防止异端是主教的责任不是国王行使暴力的借口。

路德认为，信仰是每一个人的良心事项，而俗世权威、俗世统治、俗世政权，并无权力在信仰与良心事项上以及在世界观上要求人的服从，每一个人自己必须知道，他信仰什么以及如何信仰，他自己必须承担这其中所包含的一切（甚至危险），俗世政权以及任何其他人没有权力驱迫他信仰什么或者不信仰什么，因为他们并无任何能力为人开启抑或关闭天国之门、地狱之门。[①]

马丁·路德的宗教宽容主要是在讲给那个“朽坏”的教会，却也是讲给未来的世界的。

四、被忽视的伊拉斯谟：人文主义的宗教宽容思想

和马丁·路德同时代的伊拉斯谟的宗教宽容思想，一直没有得到应有的重视和深入的研究。这固然和伊拉斯谟的写作方式和谈论的内容有着很大的关系，但我认为，伊拉斯谟是西方思想史上一个重要的“节点”，他对于宗教宽容，特别是国家与教会、虔诚与理性、真理与狂热等众多问题为后世思想家提供了丰富多元、富于张力的启迪素材，特别是17世纪的启蒙思想家们都可以在伊拉斯谟这里找到对于问题的提出、分析与解答，尽管认知的角度、信仰的立场和问题的答案不尽相同。

① 徐龙飞：《法哲之路：论马丁·路德的宗教改革作为法哲学》，商务印书馆2019年版，第119页。

因为同处一个时代，代表对立的两方，理解伊拉斯谟就可以更好地理解路德，理解路德也就可以更好地“体恤”伊拉斯谟。

这两个同样超乎常人的智者因性格的不同或许在同一个时代扮演了不同的角色，但似乎有殊途同归的感觉和默契。

伊拉斯谟的宗教宽容是讲给整个基督教世界的。

（一）伊拉斯谟和他的时代

宗教宽容——或者可以更为简单、直接地定义为政教关系的问题，是萦绕每一个政治家、思想家和个体的核心话题。

在政治理论的经典研究中，即使是那些专注于15世纪和16世纪文艺复兴时期的研究人士，也普遍忽视伊拉斯谟的宗教宽容思想——这诚然是一种“解读”的误会，因为很多人认为，伊拉斯谟的主要兴趣不在于政治问题本身，伊拉斯谟人文主义修辞的“气息”和近代以来理性主义所彰显的哲学的明晰性与讨论的逻辑性似乎“格格不入”，而和伊拉斯谟同时代的那些“行动者”，尤其是宗教改革家们充满传奇和神秘色彩的实践行动相比，伊拉斯谟又少了些许英雄主义的气概和逸事谈资的话题。

其实，在伊拉斯谟的思想中，无论是实践的还是理论的，“宽容”这一话题从来没有缺席过，在每一部作品里，在生活的点滴中，在论战的纷扰下，“宽容”的含义都得到了充分的彰显与表达。

或许和洛克、密尔乃至罗尔斯这些系统论述宽容思想的学者相比，伊拉斯谟不是一个系统的、直接的思想家，但就思想的张力和影响这一点而言，他毫不逊色。

思想家在思想史上的主导地位，与其说是归功于他的理论体系的完善或他的独创性，不如说是归功于他一方面在理论上表达了其本人所属的那个时代的新的“呼告”，但仅仅是“呼告”的思想家不过是一个时代的“号角”；另一方面，伟大的思想在于可以在实践中为未来的发展指明方向并开辟道路（虽然其本人不一定是执行者），这不仅仅是“号角”，而且是“灯塔”——伊拉斯谟的宗教宽容思想就是这样的。

谈论宗教宽容，在现实层面上更关注的应该是政教关系，所以如果我们要考察伊拉斯谟的宗教宽容思想，就要从他政治哲学的背景，就是从国家和教会的关系做出相关的分析。

（二）伊拉斯谟的宽容是“教内”的宽容

1.立场决定角度

伊拉斯谟认为天主教是唯一合法的、官方的、制度化的国家宗教。

所以，伊拉斯谟所追求的、他认为可以实现的理想是基督教民族的团结——通过基督教的团契将政治分歧降至次要地位。

伊拉斯谟认为，人显而易见首先是一个基督徒，然后才是英国人或勃艮第人。

对伊拉斯谟来说，“节制”是宽容的基础，这不是单纯的妥协，而是亚里士多德式“节制”的优秀品质——“对节制的热情”——这就是伊拉斯谟式宽容的基础。

这种基础在任何时代都很罕见，在16世纪更是独一无二，伊拉斯谟在给红衣主教坎佩吉奥的信中写道：

> 每一个定义都是一种不幸。一个人没有被诅咒，因为他无法判断精神是有一个原则还是两个原则。他有精神的果实吗？真正的宗教是和平，除非我们在晦涩的问题上让良心不受束缚，否则我们不可能得到和平。……如果我们想要真理，每个人都应该自由地说出他的想法而不必担心。如果一方的拥护者被奖励披肩，另一方的拥护者被奖励绳索或木桩，真理就不会被听到。①

---

① W. M. Southgate, “Erasmus: Christian Humanism and Political Theory”, *History*, New Series, Vol. 40, No. 140, 1955, pp. 240–254.

在伊拉斯谟看来，宽容是寻求真理的首要条件，实际上是真理本身的一个必然推论，阻碍认知基督教真理的重要障碍之一就是新王朝国家的竞争和革命的暴力与对于宗教（天主教）的反动。从时间上看，政治上的问题是第一位的。16世纪初的几十年里，完全没有教义上的冲突。人文主义精神已经占领了教会的中心。虽然个别主教甚至是大学里的主导团体反对新的探索精神，但人文主义者可以自信地寻求教会领导的支持。

对伊拉斯谟来说，基督教真理——“真正的宗教”不是个人判断的问题，而是所有人在本质上都同意的问题。

伊拉斯谟与托马斯·莫尔的不同之处仅在于，伊拉斯谟远离了“压迫”莫尔的那些政治力量，他能够保持对他认为是真正宗教的实际表现赋予客观看法，从这个意义上说，伊拉斯谟是个改革者，而莫尔则被迫为他早先谴责的许多东西辩护。[①]

2. 维护基督教的秩序

伊拉斯谟宗教宽容思想的根本是他对秩序的热爱。

---

① W. M. Southgate, “Erasmus: Christian Humanism and Political Theory”, *History*, New Series, Vol. 40, No. 140, 1955, pp. 240–254.

他指出，因为神的旨意在他的身体里，各肢体要有自己的秩序，所以伊拉斯谟希望在共同的利益上要有秩序——“秩序的本身就是好的”。[①]

就这一点来说，伊拉斯谟的选择和后世的埃德蒙·伯克一样，虽然不满足于继续被死寂的过去所束缚。但“古老的制度不可能在瞬间被根除”，因此作为个体应该接受现存的制度的本质，并致力于清除这些制度中历代积累下来的糟粕的东西——目的是要保存而不是破坏。[②]

伊拉斯谟是“节制和理性的倡导者”，只是他或许生不逢时，因为在他所处的那个动荡变化的时代，是路德式的人物纵横的舞台，在一个需要激情、冲动和英雄的时代，伊拉斯谟显得格格不入，这在人们对伊拉斯谟的各种传记的描述中已然可见。

3.净化教会

伊拉斯谟期待的、依靠的就是他的主要障碍——政治，新的王朝国家之间的竞争和革命的暴力与宗教纠缠在一起，这样的悖立下，伊拉斯谟并没有看

① W. M. Southgate, “Erasmus: Christian Humanism and Political Theory”, *History*, New Series, Vol. 40, No. 140, 1955, pp. 240–254.

② W. M. Southgate, “Erasmus: Christian Humanism and Political Theory”, *History*, New Series, Vol. 40, No. 140, 1955, pp. 240–254.

清——也就是一开始所说的伊拉斯谟所追求的是他认为可以实现的理想——基督教民族的团结，通过宗教团契将政治分歧降至次要地位。

伊拉斯谟对教皇君主制的统一没有丝毫的怀念之情，他所寻求的压倒性的、有约束力的统一只有在人们普遍了解并接受上帝的话语时才能实现。

因此，伊拉斯谟为使《圣经》可用，也付出了巨大的努力，更重要的是，通过他的一系列工作使人理解《圣经》。

伊拉斯谟与路德一样，对基督教教义要点的简单明了和真理一旦明确就会产生的巨大力量有着深刻的信念。然而，对伊拉斯谟来说，这样的观点并没有免除对一个不可分割的教会的需要。

他对教会无休止的批评只有一个目的——净化教会。

（三）教会在国家中的角色定位

1.伊拉斯谟认为，建立和维护真正的宗教是国王(世俗统治者)的责任。

这其中，国王和神父、世俗权力与神圣权力、国家与教会之间是有着区别的，它体现在：国王是基督徒，国王的臣民是自由人，不仅仅是因为自然使他们成为自由人，还因为基督用救赎国王的同样的“血液”救赎了他们，为自由人赢得了与国王同样的自由，并召唤他们与国王一起，这是国王必须牢记的。

国王首先是一个基督徒，换句话说，国王必须是柏拉图的哲学家的基督教版本。

也就是说，一个被基督教哲学熏陶的国王就应该，更应该毫不畏惧地追求真与善。

君主并非神父，因此不必为基督之肉身祝圣；他不是主教，因此不会向民众宣讲基督教的神迹，不会主持圣餐仪式；他不曾终身归入圣本笃会，因此不会披上蒙头斗篷。但是，他比这些人都更彻底地是一名基督徒。他终身归入的修会不是圣方济各的修会，而是基督本人的修会，他由基督本人亲传白袍。如果君主在期望实际回报的同时也期望伟大成就，就必须和其他基督徒一道不懈追寻。①

2. 教会的作用是什么？

在一个国王对其臣民的精神和道德教育负有责任的基督教国度里，教会的作用是什么？

伊拉斯谟并没有直接回答这个问题，他的教会论显得很模糊，倾向于将教会定义为纯粹的精神性的东西，即“所有基督子民的共识”。

---

①〔荷〕伊拉斯谟：《论基督教君主的教育》，李康译，商务印书馆2017年版，第23页。

其中，最著名的评论见于给本笃会修道院院长保罗·沃尔兹的信中。这封信是写给一个教会人士的，埃斯蒂斯（James M. Estes）分析指出，伊拉斯谟在信中强调了神职人员的重要性，在对国王的评论中明显是心存芥蒂，他把神职人员、国王和普通人分配到围绕基督的三个同心圆里，在第一个圈子里最接近天主的是教皇、主教和其他神职人员；第二圈是国王，他们通过发动正义战争或惩罚恶人来为天主服务，因为国王很容易通过发动不公正的战争或掠夺其他人及自己的臣民而进一步偏离中心，所以神父和教长有责任把国王唤回天主身边，当然，国王应尽其所能地促进神圣的正义和公共和平，这虔诚但神圣的正义应该更明显地体现在立法中；第三圈是普通人，他们是世界上最粗俗的部分，但仍然属于基督的身体，他们必须得到宽容的对待，同时被邀请在行为上跟随天主。①

3.伊拉斯谟认为，神职人员和国王是两个不同的、可以协调的、在各自范围内神圣的权威，也就是“国王之剑”和“福音之剑”。

正如有两种政体，一种是世俗的，有人喜欢称之

① James M. Estes, “Erasmus on Church and State”, *Reformation*, Vol. 21, No. 2, 2016, pp. 112–127.

为外在的，在献给上帝的基督徒中，任何东西都是不合适的，另一种是神圣的，今天我们称之为教会的。所以有两种演说家，世俗的演说家向人民宣传和倡导王子的法律和行政长官的法令，而神圣的即传教士，他们向普通民众解释和宣传最高王子的法令、诺言和意志。这些职能虽然在名称上有所不同，但几乎没有相互冲突，而是各自为对方服务，都是为了同一个目标，即共同国家的宁静和安宁，这种安宁不用于享乐和放荡，而用于基督教的虔诚。因为这个目标"一个宁静而虔诚的联邦"首先应该在每一个行动中，包括公共和私人行动中向所有基督徒宣布。①

在伊拉斯谟眼中，神职人员和国王，在为宗教和公共利益服务方面是平等的，每个人都有自己的"剑"，但有一个共同的目标：祭司拥有福音的精神之剑，"他们用它割断邪恶的喉咙，砍掉人类的贪婪"。国王使用世俗的剑"使恶人感到恐惧，使善人得到荣耀"。尽管神职人员和国王的行动方式不同，但神职人员和国王都寻求促进共同利益——他们都应该以基督为榜样，努力模仿他为他人无私服务的榜样。

---

① 这一观点的经典表述见于伊拉斯谟的《传道书》(*Ecclesiastes: sive de ratione concionandi*) 的第一段。参见 James M. Estes, "Erasmus on Church and State", *Reformation*, Vol. 21, No. 2, 2016, pp. 112–127。

伊拉斯谟明确地宣称，国王的合作是宗教改革的必要条件。[①]

对于伊拉斯谟来说，国王对公共宗教活动负有责任，欧洲的君主习惯于把自己称为“最天主教”或类似的字眼，而且不止一个君主认真对待、促进和捍卫宗教与虔诚的义务。

在《论基督教君主的教育》一书中，伊拉斯谟描绘自己时代的国王们正积极致力于建立所谓的“早期现代国家”。在这个过程中，国王对其领地内的教会和宗教生活进行了“广泛的独立控制”。[②]这种发展对急于扩大和巩固其政治权力的国王来说是有利的。

另一个侧面的佐证是宗教改革家们实际上积极推动国王统领下的主权扩张，教士们对教皇或大公会议改革天主教会的希望不断落空，他们越来越多地呼吁世俗统治者通过在国家或地区层面进行改革迈出全面改革的第一步。

伊拉斯谟认为国家和教会的这种发展是理所当然

---

① 这和路德的想法不尽相同。路德因教皇拒绝提供他认为必要的改革而感到沮丧，他呼吁皇帝通过召开改革会议来帮助教会。然而，路德并不认为国家在本质上或目的上是基督教的。恰恰相反，他认为它纯粹是世俗的，国王们在教会管辖的事务中没有常规的权力。

② James M. Estes, “Erasmus on Church and State”, *Reformation*, Vol. 21, No. 2, 2016, pp. 112–127.

的，在《论基督教君主的教育》和其他作品中“默默”地为其辩护并明确地将其作为他希望实现的名副其实的基督教世界的基础。法律的整体宗旨应在于保护每一个人，无论贫富贵贱，是奴隶还是自由民，是公职人员还是平头百姓。但它应当更倾向于帮助弱者，因为卑贱者地位低下，更容易受到伤害。法律应当以宽松来弥补他们的生活地位所享受不到的特权。因此，对于穷人的犯罪应当给予比针对富人的犯罪更严厉的惩罚，惩罚贪官应当比惩罚普通犯人更重，而惩罚邪恶的贵族要比惩罚卑微的平民更重。[①]

4.将国王和他的臣民结合在政治体中的纽带是共同利益（公共利益）。

这种概念非常古老，在亚里士多德的《政治学》、西塞罗的《共和国》、奥古斯丁的《上帝之城》以及其他古代资料中都有。但它一直延续到中世纪，共同利益的概念是政治生活的驱动力，隐含或明确地证明中央集权政府代表这样的利益模式的主张是合理的，包括宗教和世俗利益，反对各种类型的自我利益。

人文主义者反过来将这一思想变成了自己的思想，并赋予它另一种生命力：

---

① 〔荷〕伊拉斯谟：《论基督教君主的教育》，见前引，第118页。

> 良君会以公共利益来衡量一切，否则他就根本算不上君主。他无权将民众当作牛马驱使。政权的治理在很大程度上有赖于民众的赞同，这是创造出国王的首要因素。如果君主之间发生什么争执，为何不将之交予仲裁？有那么多的主教、修院主持、学者，那么多的高官，他们的判词会比所有这些屠杀、劫掠和普遍的灾难更令人满意地解决事端。[①]

这里，国王和暴君的区别在于：暴君只关心自己的利益，国王则致力于公共利益。一个好的国王是他的臣民的父亲，是他的人民的牧羊人，愿意为委托给他照顾的人的福利牺牲一切。除了致力于公共利益，国王还必须向其臣民灌输类似的奉献精神，这不仅要求国王和他的官员在个人行为上树立良好的榜样，而且要求国王高度重视学校的建立，在这些学校里，孩子们接受基督教原则的教育，并熟悉促进共同利益的文学作品，因为共同国家的未来取决于这些孩子。

（四）伊拉斯谟的影响

真正的改革者本质上是温和的，甚至是保守的。

---

① 〔荷〕伊拉斯谟：《论基督教君主的教育》，见前引，第150页。

伊拉斯谟的思想，一方面反对不允许任何改变的天主教会，另一方面反对无畏地摧毁旧事物，却无法建立新的秩序的激进派。

这样的观点于今日似乎很正常也很平庸，大可讥笑为“高明的平庸”，但在宗教改革的时光里，这样的态度是致命的，也是容易被淡忘的，特别是在宗教因素占主导地位的地方，矛盾往往变得更加尖锐，而不是更少。

因之，无论是罗马教廷还是新教派，都把伊拉斯谟看作他们事业的叛徒，比敌人本身还不值得同情。

这当中，只有英国圣公会是个例外，这也滋养了英国宗教自由的传统和后来洛克宗教宽容思想以及美国立国的政教思想的重要资源和实践参照，伊拉斯谟具有不可估量的影响。

在伊拉斯谟去世时，人们对“真正的宗教”的含义或“真正的教会”的吁求已不再有任何共识——以政治的方式选择信仰或以信仰的借口选择政治的游戏以暴力的形式不断上演，让人们绝望。

伊拉斯谟的宗教宽容思想——以其人文思想的底蕴——是讲给整个基督教世界的，在他的心中，就是讲给“世界”的，尽管有他的局限，但那是时代的使然，而且他的思想被教派分歧的双方不断“利用”，但他的宗教宽容精神在几个世纪后涅槃重生。

马丁·路德将宗教宽容讲给了教会，伊拉斯谟将宗教宽容讲给了整个（基督教）“世界”。

谁能将真正的宗教宽容讲给全世界呢？

第三节 光荣革命

在早期现代欧洲，信仰是关于政治权威、政府本质、男女关系、教育以及神圣和世俗关系的来源和裁判。

作为神圣代表，教会是具有独特影响的机构，其影响力遍布生活的各个领域，包括政治、家庭和教育等。

宗教改革与之前的变革不同，它的革命性没有被逆转，其结果是西欧和中欧内部存在了永久性的宗教分裂，取代了曾经由教皇领导的天主教会的单一精神垄断。

奥格斯堡和平并没有结束天主教和新教之间的暴力或流血事件，这种情况在欧洲其他地方持续了一个多世纪。

在1559—1689年的130年间，欧洲经历了不间断的动荡和内战、叛乱，每次动乱都有其独特的特点；每次动乱都有多种原因——不断出现的一个共同点是新教和天主教之间的宗教冲突——1562—1598年的法国内战、荷兰反对菲利普二世的叛乱、苏格兰反对玛丽·斯图亚特的叛乱、1588年西班牙对英国的进攻、1618—1648年的三十年战争、1640—1660年的清教徒革命和1688—1689年英国的光荣革命都是宗教冲突，虽然它们也有其他原因。

17世纪的宗教冲突几乎在欧洲生活的每一个方面都留下了永久的印象。

因此，正是宗教改革及其后果以及由此产生的宗教分裂和冲突迫使16世纪和17世纪的欧洲国家当局至少考虑将宗教宽容作为确保其境内和平的一种手段的可能性。

在16世纪，关于政府应如何或最好如何处理宗教纠纷或“异端”的问题绝对必须从不同的角度进行广泛的辩论，这个问题直接而尖锐地影响着整个欧洲人的生活。

每个政府都必须在实际行动中、面临的各种困难和在复杂的情况中下定决心，解决问题，重构秩序。

从这个意义上说，“宽容”与其说是一个理想，一个积极的目的，人们为了建立它而建立，不如说是一种退路，一种退而求其次的做法，是那些往往仍然相互憎恨，但发现不可能再继续战斗的人的最后手段：当没有选择，没有希望继续斗争的时候，就会发生这种事情。

约翰·洛克适时地出现了。

一、集大成者：约翰·洛克

在英国，1678—1685年的几年间，在天主教阴谋、排斥法案的争论以及蒙茅斯的叛乱这一时期，洛克始终在思考着宗教宽容的问题。不过，从某种意义上说，他也更深入地介入了政治，这种紧张的态势原因依旧是宗教的，詹姆士二世是一位虔诚的罗马天主教徒，而他在英格兰和苏格兰的大多数臣民是新教徒。长久以来，他们就厌恶天主教会的教义以及天主教对专制政府的支持。然而，詹姆士二世不满于私下践行他的信仰，在宫廷里只有一群偏袒天主教的亲信和顾问，他决定在政府、官僚机构、司法系统、陆军、海军、镇政府、学校以及大学里提拔一批天主教徒担任要职。

之所以这样做，是因为詹姆士二世的天主教信仰不仅仅局限在宗教领域。在政治领域，他极度羡慕法国国王路易十四，渴望成为像他一样强大的专制君主。尽管他的女儿玛丽嫁给了领导荷兰抵抗法国野心的威廉，但是詹姆士二世还是一心想同法国结盟，并且成为反抗路易十四扩张政策的主力——荷兰共和国的敌人。他准备以法国盟友的身份参加战争。在国内，他稳步寻求扩大作为专制君主的特权，提升效忠于他的人，惩罚反对他政治和宗教政策的人。①

由于詹姆士二世的迫害，迫于时局，洛克不得不仓皇流亡。

洛克在法国旅行，这是他人生中尝试着思考与《人类理解论》相关问题的时期之一。在他的日记和读书札记中留下来的记录，有很多是在1675—1679年间写《人类理解论》中的文字。

这些记录表明洛克在继续关注1670年代对帕克《论教会政体》的争论中提出来的问题。在他到达法国之后不久，洛克在日记中做了一段很长的笔记，讨论了与宗教有关的那些法律的责任。

此时，英国的政坛也酝酿着剧变。就在七主教案宣判的同一天晚上，海军少将托灵顿伯爵亚瑟·赫伯特受七名密谋者的委派，化装成一名普通水手，秘密离开伦敦前往海牙将一封由他们共同署名的信件交给荷兰政府，内容是邀请荷兰执政的奥兰治的威廉，要他率军前来帮助英国人，捍卫他们自古就有的自由和财产权利。

威廉是查理一世的外孙，他的妻子玛丽正是詹姆

---

① 〔英〕哈里·狄金森：《“光荣革命”：第一场现代革命？》，姜锋译，《英国研究（第3辑）》，南京大学出版社2011年版，第9—23页。

士二世的长女，威廉和玛丽是表兄妹关系。如果不是小王子的突然降临，玛丽原本是王位的第一继承人，现在由她和威廉出面驱逐詹姆士，既能够维护斯图亚特王朝的延续性，又能够中止愈演愈烈的天主教回潮，将“王位的正统原则和新教原则最充分地结合在一起”。

1688年11月，威廉在49艘战舰的护卫下，率领步兵1.1万人、骑兵4000人，分乘200艘运输舰在英国登陆。

不久之后，越来越多的头面人物开始背弃詹姆士，天主教复辟和专制统治的梦魇太可怕了，英国人决定抛弃他们的国王。

詹姆士选择了逃跑，轻而易举地丢掉了自己的王位。

1688年的光荣革命是一场“不流血的”的宫廷政变。无论是克伦威尔时代还是王朝复辟时期，议会经常成为“宫廷集团玩弄手段争权夺利的场所”，但随着光荣革命的发生，议会战胜国王，确立了自己的主权地位，解决了长期困扰英国人的国家最高权力归属的问题。

1689年1月新议会在伦敦召开，它宣布詹姆士“废弃国王与人民之间订立的原初契约……离开了王国，退出了政府，因而王位虚悬”。有鉴于此，议会将王位授予他的女婿和女儿——威廉和玛丽；但在登上王位之前，他们需要签署一份“权利宣言”，后来又改称《权利法案》。

就这样，一种新的秩序得以确立。

在国王与议会的关系中，君主不能再凌驾于议会之上，而必须受制于议会和法律。此后，君主不再享有传统特权，而议会则成为最高主权者。

事实上，新的国王是由议会确立的，议会打破王位继承顺序将詹姆士及其男性后裔排除于继承权之外，这成为一种新的定制，也即形成了一种新的宪政传统。

通过光荣革命，英国完成了从绝对君主专制向多元寡头政制的转化，克服专制的任务，在这场不流血的革命中成功地完成。从这个意义上来理解，这是一次真正的革命。

随后，议会又陆续通过几个文件：1689年颁布《兵变法》，议会由此控制了军权；同年颁布《宽容法》，规定宗教宽容；1694年颁布《三年法》，规定每届议会最多持续三年，且每三年必须改选议会，这就使得国王任意关停议会成为了过去；1695年颁布《叛国法》，为反对派提供法律保护；1701年颁布《王位继承法》，规定威廉、玛丽若无子女，由安妮公主继位，安妮若无子女，王位转给詹姆士一世的外孙女索菲娅及其后代，这就是后来汉诺威王朝统治英国的法律依据。

从这些文件可以看出，议会的地位已经确定了，英国创造了一种新的政治制度，即君主立宪制。

随着君主立宪制的建立，英国作为一个整体，它不再属于君主个人，而是属于整个民族。这样，真正意义上的英国民族国家终于确立了起来。[①]

从本质上看，国家主义的兴起，逐渐把信仰看作是一个单一的国度、一个单一的主权之下的国家内部事务或私人事务。这在17 世纪下半叶的欧洲并不是孤立的现象，而是那个时代理性主义思潮的一部分，也为18世纪的启蒙运动铺垫了道路。在反宗教的“世俗化”口号下，反而带来了对国家这一单一场域、单一主权的“神圣化”。

1689年，临时议会解决了宗教问题并通过了《宽容法令》。法律将英格兰教会确认为国教，但同时规定，没有皈依国教的新教徒拥有宗教信仰自由，他们还可以在地方治安法官允许的情况下建立教堂，举行宗教活动。

这是一次非常有限的改革，由于没有废除《宣誓法案》，罗马天主教徒没有得到充分的宗教信仰自由，

---

① 参见钱乘旦主编:《英国通史（第三卷）》，江苏人民出版社2016年版，第142—144页。

甚至新教徒也没有享受充分的政治权利。尽管如此,这依然是一个重要的变化,因为这是英国第一次接受部分臣民可以不参加国教。

统一的宗教不再强制执行，并且接受了宗教的多元化，这一趋势在1689年之后得到了持续发展。

此时此刻，洛克以胜利者的姿态回到了英国。

二、“宗教宽容书简”系列的形成

1689年，年已57岁的洛克匿名出版了《论宗教宽容——致友人的一封信》(*A Letter Concerning Toleration*)。

而今，洛克的《论宗教宽容——致友人的一封信》[①]已作为经典文本为人所熟知。在世界范围内，它的单行本和各种不同的译本亦广为人知，也正因为第一封信的广传与盛名，让我们所知晓的洛克的“宗教宽容书简”系列“被误认为”只有此第一封信。

事实上,“宗教宽容书简”在约翰·洛克所有著作中是真正的“大部头”[②]，也是思考和酝酿时间跨度最长

① 〔英〕约翰·洛克:《论宗教宽容——致友人的一封信》，吴云贵译，商务印书馆1998年版。

② Peter Nicholson, “John Locke's Later Letters on Toleration”, in John Horton and Susan Mendus (eds.), *A Letter Concerning Toleration in Focus*, London: Routledge, 1971, p. 164.

的“一部”著作，即从1667年算起，到洛克逝世，一共是37年，长期以来，其在欧美学术界备受瞩目。与此大相径庭的是，“宗教宽容书简”在汉语学界始终未得到应有的重视，学者甚至对它缺乏基本了解。

“宗教宽容书简”是洛克作品的“集大成者”；是洛克思想的极其重要的组成部分，是他对宗教宽容学说系统、全面的叙述，“宗教宽容书简”也是洛克作品中最具争议性、最具张力的作品；更是洛克罕见意志“坚定”，态度“坚决”的作品。①

洛克通过对宗教宽容的论述将其哲学、政治、神学等思想熔为一炉，我们应该在了解洛克“宗教宽容书简”内容和其与普罗斯特（Jonas Proast）论战中的态度，辅以洛克成熟时期的其他著作，从自由主义思想先驱的背景和欧洲社会变革的时代出发，对洛克“宗教宽容书简”给予公正、历史、客观的评价和研究，这将使我们受益匪浅。

1689年是洛克一生出现转折的一年。此前，1688年光荣革命的成功给洛克的生活带来了巨变，革命前那个隐姓埋名、客居他乡的流亡者成了最为炙手可热、

---

① Peter Nicholson, “John Locke’s Later Letters on Toleration”, in John Horton and Susan Mendus (eds.), *A Letter Concerning Toleration in Focus*, London: Routledge, 1971, p. 163.

最有政治影响力的人物，或许在某些领域还是唯一的人物，他和他的朋友们受到胜利者和国家的“拥抱”。

> 这个文人世界里的小人物、他所生活于其中的那个荷兰知识圈的报纸撰稿人、笔记和草稿作家，终于变成了一名作家，先是《论宗教宽容的信》，然后是《政府论两篇》，都在这年秋天出版，但都是匿名。12月，在《人类理解论》署上了自己名字的约翰·洛克由于此举而变成了名垂思想史的约翰·洛克。它使他成了国家制度的塑造者和享有国际影响的人物。[①]

在此后的15年中，也就是在和普罗斯特争吵的15年中，洛克已然是“只手操控英国知识生活半壁江山，把它牢牢掌握在手里，使它最终转入由他选择的方向”[②]的人。享有这样的地位和尊崇，洛克却“屈尊”同普罗斯特——这位名不见经传，如果不是因为这场论战，注定会被历史所遗忘的普通人、教士——展开了旷日持久，并让洛克为之倾注了巨大精力的争论。

---

① 〔英〕彼得·拉斯莱特:《洛克〈政府论〉导论》，冯克利译，生活·读书·新知三联书店2007年版，第48页。

② 〔英〕彼得·拉斯莱特:《洛克〈政府论〉导论》，见前引，第48页。

在生命最后的15年中，身体羸弱的洛克先后做出三次回应，第四封信因为洛克的辞世，仅仅停留在近40页就戛然而止。

洛克对于普罗斯特的态度是如此“认真”，他在回应中，几乎是逐字逐句地进行反驳。毕竟1688年光荣革命后，已经享有盛誉的洛克，用被世人誉为“一颗渴望拥有真理的头脑”在最后的岁月回答一个“普通人”，为普罗斯特耗尽才智和心血，如果不是对宗教宽容背后蕴含的哲学、政治问题的强烈关怀，是无法解释洛克的“激情”所在的。

洛克的《论宗教宽容——致友人的一封信》是用拉丁文写成的，这就意味着洛克的这本著作是写给整个欧洲人的。

因为宗教问题，准确说就是宗教宽容问题，是洛克从青年时期就开始思考的主题，这方面，欧美学界已经有了一定数量的深入研究。在洛克大量的日记、笔记和草稿中，他对于宗教宽容问题在不同时期有不同的思考，这些思考也并非是始终一致的，而是呈现出洛克思想不断发展中的迥异的态势，甚至在洛克思想不同阶段相互抵牾，此论题欧美学术界伴随洛克档案的公开已经有了很多的研究，也是值得重视和期待的。需要说明的是，对洛克所主张的宗教宽容思想的理解不能被简单地政治化和时代化。宗教宽容思想绝非只是为了当时的政治需要——清除天主教在英国政治中的势力，围绕圣公会建立一个独立的民族国家。

洛克与普洛斯特争论的背后是其哲学、宗教思想的一次总结，“宗教宽容书简”也是难得一见的充满“战斗精神”的文本；这是一个不同以往的、绝不妥协的洛克，仅此足见洛克对于自己宗教宽容理论的重视，以及对人们有可能“误读”和“歪曲”其宗教宽容理论的担心与愤怒。

透过历史，我们可以清晰地看到洛克对“宗教宽容书简”的“重视”。

1690年，在洛克的《论宗教宽容——致友人的一封信》出版后一年，普罗斯特进行了第一次正式的质疑，和洛克一样，他也是匿名发表了题为*The Argument of the Letter concerning Toleration, Briefly Considered and Answered*①的小册子。在这个小册子中，普罗斯特显然认同洛克在《论宗教宽容——致友人的一封信》很多方面的论述，并对其中的很多观点和分析表示了赞同，特别是在信仰与灵魂之关系的论述上，但普罗斯特坚

① Jonas Proast, “The Argument of the Letter Concerning Toleration, Briefly Considered and Answered”, in Richard Vernon (ed.), *Locke on Toleration*, Cambridge: Cambridge University Press, 2010, pp. 54–66.

持认为，适当的强力（force）对于信仰绝非毫无价值。普罗斯特认为，强力的恰当使用，事实上可以引导人们去留意或关注一些他们之前没有留心注意到的观点。这和洛克的表述看似差别细微，但实际上就是一种否定宗教宽容的态度，在洛克眼中，普罗斯特这种说法甚至已经在鼓吹宗教迫害了。

于是，仅仅数日之后，洛克“快速”地予以“回击”，1690年5月27日，发表了*A Second Letter Concerning Toleration*[①]，并使用了笔名*Philanthropus*，意为“人之友”，并在行文上小心翼翼地隐瞒这一使用了这一笔名的人就是《论宗教宽容——致友人的一封信》的作者，把同一身份的事实隐瞒了起来。洛克用温和但坚决的态度与言辞回应了普罗斯特的质疑。

然而，事情并未就此告终，普罗斯特也很快做出了新的回应，匿名发表了一篇79页篇幅稍显“冗长”的文章来“还击”。

此后，洛克用了一年的时间，在1692年的6月20日，沿用笔名*Philanthropus*，写了洛克著作中一部不是专著的“专著”，这是一部“大部头”著作的篇幅，长

① John Locke, *The Works of John Locke*, Vol. 5, in Nine Volumes, 3 edition, London: A. Bettesworth, E. Parker, J. Pemberton and E. Symon, 1727.

达400多页，几乎是逐字逐句批驳普罗斯特的观点。

这种态势下，普罗斯特没有马上做出反馈，不过，根据他的表态，他似乎认为自己遭遇了诡辩和不公平的论战，而从辩论的结果看，自己俨然成了胜利的一方。[①]

就在普罗斯特“偃旗息鼓”的十年时光中，洛克将自己的全部精力都集中到对于基督教的研究中。

不过，后来普罗斯特显然意识到自己的判断“不恰当”，于是在1704年以*Philochristus*即“基督之友”的名义发表了*A Second Letter to the Author of the Three Letters for Toleration*的文章重新发起了“挑战”。

此时的洛克虽然病入膏肓，但依然奋起疾书，最终在遗作*A Fourth Letter for Toleration*仅写了40多页，洛克便告别人世，此文遂成绝笔。

洛克的宗教宽容，于笔者看来，是写给他的那个时代，但也是写给“新秩序”的。

三、“宗教宽容书简”的主要思想

洛克不是空谈宗教宽容，洛克的宗教宽容思想是他的政治思想的组成部分——只有充分理解洛克的政

① Peter Nicholson, “John Locke’s Later Letters on Toleration”.

治思想——国家、社会、政府和个人关系才能准确理解洛克宗教宽容思想的真实意蕴和目标指向。

洛克认为，国家是由人民通过契约，自愿组成的具强制性的机构，目的是维护公民的自然权利和促进他们的利益，包括生命、自由、健康及财产的保护等，却不包括灵魂的救赎。灵魂救赎是每个人自己的事，并不属于政府管辖的范围，官员的权力“不能也不应当以任何方式扩及灵魂拯救”。[①]

人类天生都是自由、平等和独立的，如不得本人的同意，不能把任何人置于这种状态之外，使受制于另一个人的政治权力。任何人放弃其自然自由并受制于公民社会种种限制的唯一方法，是同其他人协议联合组成为一个共同体，以谋他们彼此间的舒适、安全及和平的生活，以便安稳地享受他们的财产并且有更大的保障来防止共同体以外任何人的侵犯。无论人数多少都可以这样做，因为它并不损及其余人的自由，后者仍然像以前一样保有自然状态中的自由。当某些人这样地同意建立一个共同体或政府时，他们因此就立刻结合起来并组成一个国家，那里的大多数人享有

---

① 〔英〕约翰·洛克:《论宗教宽容——致友人的一封信》，见前引，1998年。

替其余的人做出行动和决定的权利。[①]

在这个共同体中，不论是个人还是教会甚至包括国家及其政权在内，无论是谁，都没有正当的权利以宗教的名义侵犯他人的公民权和世俗利益——必须严格区分公民政府的事务与宗教事务，并正确规定二者之间的界限。

马克思称洛克为“同封建社会相对立的资产阶级社会的法权观念的经典表达者”[②]在政治-宗教观问题上，恩格斯说：“洛克在宗教上和政治上都是1688年阶级妥协的产儿。”[③]我们应该在了解约翰·洛克“宗教宽容书简”内容和其与普罗斯特论战中的态度，辅以洛克成熟时期的其他著作，从自由主义思想先驱的背景和欧洲社会变革的时代出发，对洛克“宗教宽容书简”，特别是洛克在古典个人自由主义哲学的大框架下对于政教关系的思考，做出公正、客观的历史评价和研究。

对于洛克的宗教宽容思想，第一章略有论述，在

---

① 〔英〕约翰·洛克:《政府论（下篇）》，叶启芳、瞿菊农译，商务印书馆1981年版，第95页。

② 〔德〕马克思:《剩余价值理论》，《马克思恩格斯全集（第26卷）》，人民出版社1972年版，第393页。

③ 〔德〕恩格斯:《致康·施米特（1890年10月27日）》，《马克思恩格斯选集（第4卷）》，人民出版社1995年版，第703页。

此可以详细论述总结如下[①]：

第一，对洛克而言，人是理性的、自由的个体，但人不是孤独生存的，洛克显然意识到了——不同于霍布斯——洛克的自然状态尽管没有残酷、野蛮，充满杀戮，但“很不方便”，脆弱的自然状态必然要进入“强大”的政治社会，个人的“自然自由”只能迈向社会的“政治自由”，并在此基础上形成国家和政府，即达成信任（契约）、服从秩序（立法）、接受权利（国家、政府）、实现自由（个人）。

然而，洛克秉持的个人自由主义哲学和亲身经历、参与的“革命”实践让他对于权力——任何权力，尤其是暴力，始终保持着高度的不信任和警惕。

洛克清楚意识到了各种“权力”潜在的“异化”风险。即使是在其极为珍视的个人自由方面，洛克也是忧心忡忡。

所以，在洛克的理想中，秩序是建基于人民主权之上的宪政体系，这一体系在分权制衡下形成了“权利对于权力”的制衡，以此达到对于个人自由的最大限度的保障。

---

① 袁朝晖：《权力、良心与秩序：约翰·洛克宗教宽容思想新探》，《世界宗教文化》2023年第5期。

这其中，宗教宽容思想是洛克政治哲学的核心概念，甚至于是其基础，它不仅仅是“真正的宗教”的标志，也是关乎个人灵魂拯救的大事，是良心自由的表达，更是世俗政权不能过分涉足的神圣之地。

第二，洛克在《论宗教宽容——致友人的一封信》中的核心概念之一就是什么是“真正的宗教”。但对于究竟什么是“真正的宗教”、什么是“真正的信仰”的答案，却在《人类理解论》中有着清晰的回答。

洛克表示：“真正的宗教完全是另一回事。它并不是为了制定浮华的仪式，也不是为了攫取教会的管辖权或行使强制力，而是为了依据德性和虔诚的准则，规范人们的生活。”[①]但其实，如何能做到“依据德性和虔诚的准则，规范人们的生活”，如何可能做到不去“攫取教会的管辖权或行使强制力”，等等，在《人类理解论》和《政府论》中有着详尽的答案，也就是说，宗教宽容在笔者看来是洛克思想“水到渠成”和“自成一体”的必然产物，洛克的烦琐、啰唆、隐晦只是一种和时代“精神空气”相适合的不得已而为之的“春秋笔法”，但洛克哲学的整体性和思考的连贯性，

---

① 〔英〕约翰·洛克：《论宗教宽容——致友人的一封信》，见前引，第1页。

让洛克的思想融贯。

《人类理解论》洋洋洒洒，篇幅巨大，但洛克真正所要解决的问题却是“探讨人类知识的起源、确定性（certainty）和范围，以及信仰的、意见的和同意的各种根据和程度”，其目的就是“搜寻出意见和知识的界限来，并且考察我们应当借着什么准则对于我们尚不确知的事物，来规范我们的同意，来缓和我们的信仰”。[①]

就我看来，正是《人类理解论》前三卷的讨论为第四卷中那些困扰洛克的有关理性和信仰关系问题的解释打下了坚实的认识基础，也就是避免“已经走错了路”，并在“开始考察那类问题之前，我们应该先考察自己的能力，并且看看什么物象是我们的理解所能解决的，什么物象是它所不能解决的”。

第三，洛克的《政府论·上篇》被我们忽视了。事实上，在《政府论·上篇》中，我们会发现一个“革命”的甚至是“可怕”的属于时代却影响更远的洛克。在《政府论·上篇》中，洛克将“火力”直接瞄准了自己信仰的根本：上帝和《圣经》；并在此基础上，将“锋利”的“尖刀”刺进了政治上的“上帝”——君主制——“君权神授”“天赋王权”的“胸

---

① 〔英〕约翰·洛克：《人类理解论》，见前引，第2页。

膛”；让真正理性的人重获“权力”，正视“自由”“平等”和权利。

这种革新与洛克在“宗教宽容书简”中的阐述是一致的——“宗教宽容书简”在保留一种耳熟能详但被稀释的信仰的同时，带着信徒离开了普世教会，进入到普世的自由和公民政府中。它使得信徒带着对自由主义的向往而离开基督教国家。

《政府论·上篇》所做的革新是“宗教宽容书简”这一工程的基础：只有真正实现平等与自由，才有真正的信仰。[①]

第四，洛克政治哲学的革命性就在于对于社会、国家、政府权力、反抗暴政和个人自由的细致区分，并在此基础上构建政治社会生活。

社会、国家、政府不同层面中，个人信仰自由何以可能，国家权利如何构成？政府权力的界限何在？法律与信仰自由的关系以及人们在何种情况下可以认定政府权力“越界”。

概言之，宗教宽容语境下的新的政治–宗教秩序究竟是如何建构的？

---

① 袁朝晖：《约翰·洛克〈政府论·上篇〉中的圣经批判及其政治意蕴》，《圣经文学研究（第23辑）》，宗教文化出版社2021年版。

故此，在《政府论》，尤其是《政府论·下篇》和“宗教宽容书简”中，洛克持续地、系统地梳理了“信仰和秩序”的关系。

洛克认为，秩序所赋予的权力是外在的，关乎的是公民的利益；而信仰是内在的，追求的是永生。两者的运作根本不同，两个领域相互独立，互不干涉。

权力不能干涉内心的信仰问题，这一原则是洛克“宽容论”的基础[①]，但这种关系的梳理是在一个洛克认为符合理性的新的秩序中的建构，这也是现代自由主义的基本信念。

同时，这也解释在自由主义传统乃至西方政治思想和宗教思想史上，最全面地为宗教宽容进行“有力”辩护的便是洛克，正是在这个意义上，洛克被誉为“自由主义之父”的缘由何在。

第五，洛克反对在信仰问题上的任何“强力”。

对于一个良序社会来说，洛克话语中的官长——政府（执行者）的权力在宗教宽容问题上的职责是什么呢？这是一个很重要的问题，涉及国家权威、政治权力和信仰自由之间的困境——“强力”对于宗教信

---

① 孙向晨:《洛克政治哲学的神学维度》,《复旦学报(社会科学版)》2006年第5期。

仰自由的影响。

应该认识到，虽然洛克不断地对权力进行约束，可事实上，他不是在限制权力，而是在创造出了更多的权力——更多的合法的、能最大限度保障自由的权力。

毕竟，任何设计，都必须兼顾两项最基本的目标即政府的权力必须完整、强大，而人民的权利必须得到最坚固的保障。

在“宗教宽容书简”的文本中，洛克的态度很鲜明，即通过法律的社会控制是实现宗教宽容、公共利益和信仰自由“和谐”的唯一方式——法治，而非人治。

这里要说明的是，法治不仅是一个法律原则，而且是一个法律应当是怎样的规则，是一个元法律的学说，或可以说是一个政治理想。

正如哈耶克所说，法治，作为对所有政府权力的一种限制，当然也是一种规则，但是，正如我们将要看到的那样，它也是一个元法律的规则，它不是一个法律，而是一个好法律应当具有的特性的学说。[①]

只有为人们所普遍接受的法律才是正义的法律——基于洛克的思想基础，在政教关系问题上，洛

---

① 〔奥〕弗里德里希·冯·哈耶克：《法治的政治理想》，转引自斯坦华顿：《自由与法治——论法治和自由之间的道德联系》，庞永译，《宪政主义与现代国家》，生活·读书·新知三联书店2002年版，第242页。

克首先明确了立法（国家）原则——法治——世俗权益的繁荣是宗教问题的立法之本。

读者显然发现了，我没有对于卢梭，特别是他的宗教看法有所涉足，这是因为笔者认为，卢梭和洛克并不是一种承继或是相连的关系，而是分离的状态，这种分离基于他们之间的政治哲学基础的不同——某种意义上说，卢梭——他用人民的意志取代了普遍意见，以及由此产生的人民主权的概念，这实际上意味着，多数，就具体问题做出的无论什么决定，都是对一切人具有约束力的法律。但是，这样的权力既无必要，其存在也与个人自由不相容。这和洛克看似咫尺却是相距甚远。

洛克认为，社会的世俗利益和外部繁荣，是人们加入社会的唯一理由及其追求的唯一目标。出于这个根本目的，人在“永生”得救方面还有多少自由是一目了然的，即每个人应当做那些他的良心确信上帝能予接受的事情，因为他的永生幸福有赖于上帝的悦纳；所谓服从，首先是服从上帝，其次才是服从法律。

信仰上帝和遵守法律并不矛盾，洛克告诉我们，自然法是所有的人、立法者以及其他人的永恒的规范。他们所制定的用来规范其他人的行动的法则，以及他们自己和其他人的行动，都必须符合于自然法，即上帝的意志，而自然法也就是上帝意志的一种宣告，并且，既然基本的自然法是为了保护人类，凡是与它相违背的人类的制裁都不会是正确或有效的。

进入社会的人必须服从法律，处在社会中的人的自由，就是除经人们同意在国家内建立的立法权以外，不受其他任何立法权的支配；除了立法机关根据对它的委托所制定的法律以外，不受任何意志的统辖或任何法律的约束。

因此，处在政府之下的人们的自由，应有长期有效的规则作为生活的准绳，这种规则为社会一切成员所共同遵守，并为社会所建立的立法机关所制定。

社会的世俗利益和外部繁荣是宗教问题，或是政教关系的立法之基，恰是因为社会或由他们组成的立法机关的权力绝不容许扩张到超出公众福利的需要之外，而是必须保障每一个人的财产，且法律是不容随意更改的。谁握有国家的立法权或最高权力，谁就应该以既定的、向全国人民公布周知的、经常有效的法律，而不是以临时的命令来实行统治；应该由公正无私的法官根据这些法律来裁判纠纷；并且只是对内为了执行这些法律，对外为了防止或索偿外国所造成的损害，以及为了保障社会不受侵略，才得使用社会的力量。这一切都没有别的目的，只是为了人民的和平、安全和公众福利。[①]

一句话，以社会的公众福利为限——并且，只因政府所有的一切权力，既然只是为社会谋幸福，因而不应该是专断的和凭一时高兴的，而是应该根据既定的和公布的法律来行使；这样，一方面使人民可以知道他们的责任并在法律范围内得到安全和保障，另一方面，也使统治者被限制在他们的适当范围之内，不致为他们所拥有的权力所诱惑，利用他们本来不熟悉的或不愿承认的手段来行使权力，以达到上述目的。[②]这一切的基础也是因为，国家的立法权力是按照社会所一致同意的或他们为此目的而授权的代表所一致同意的规定来行使。

但宗教问题是复杂的，尤其涉及人的良心自由的问题。洛克对此也是忧心忡忡。

公民社会，或者可以说是市民社会，并不是一个突兀的概念，在古代法学家那里这是一个术语。在中世纪政治哲学里用以和教会机构相区别。在17 世纪，它是自然状态的对立物，指人们生活在政府之下的一种状态。市民社会是多元的，它是一个具有众多私人活动

---

① 〔英〕约翰·洛克:《政府论（下篇）》，见前引，第131页。

② 〔英〕约翰·洛克:《政府论（下篇）》，见前引，第137页。

的社会。这些活动在家庭之外，且未被纳入国家之中。

我们知道，在洛克的政治哲学体系中，当人们最初联合成为社会的时候，既然大多数人自然拥有属于共同体的全部权力，他们就可以随时运用全部权力来为社会制定法律，通过他们自己委派的官吏来执行那些法律，因此这种政府形式就是纯粹的民主政制。而在宪政民主政体中，掌管灵魂的事不属于政府的职权范围内。政府权力是由法律所规定并以惩罚作为强制手段的，而掌管灵魂的事，属于每个人自己，这种事情也只能留归他自己。

如果一个人对自己的灵魂的拯救漠不关心，公民政府是否有必要做一些事情来“纠正”呢？

洛克认为，需要认清这个问题背后的预设，即宗教是个人的私事，政府是管理公共事务的，公与私之间是泾渭分明的。

从这个角度说，一个人对自己的拯救漠不关心，这实在不是政府需要管理的事情。

如果他对自己的财产或健康漠不关心，而这些显然与公民政府关系更密切，那又该怎么办呢？官长能以法律保证他不会成为穷人或病夫吗？法律充其量只能保障公民的财产和健康不受他人的欺诈和暴力的侵害，而不能保障所有者自己不会对财产漫不经心或管理不善。一个人不论其愿意与否，谁都无法强迫他一定要发财致富或身体健康。不，上帝自己也不会违反人们的意愿来拯救人。[①]

但是，这个逻辑关系一旦反过来，就不同了。

我们不妨假设有某个君王欲强迫其臣民积累财富或保养好身体。可是，能够以法律规定这些臣民只能找罗马大夫就医并遵照其开列的药方生活吗？假若人们只能服用梵蒂冈或日内瓦店铺里出售的药剂，事情会怎么样呢？或者说，为使臣民们发财致富，难道就得以法律来迫使大家都去做商人和音乐师吗？或者说，因为有些食品店主和铁匠能够富足地供养全家并因为从事这些行业而发了大财，于是就下令让大家都去开饭铺或铁匠铺吗？[②]

可是，到天国之路却只有一条。如果人们能够正确地加以考虑，就不难发现，这些大都是微不足道的小事，是可以遵守或者不予理睬的。不过，人们不禁要问，真正通向永生之路只有一条。可是，在人们所走的如此纷繁杂芜的道路中，究竟哪一条是正路。这时，难

---

① 〔英〕约翰·洛克：《论宗教宽容——致友人的一封信》，见前引，第18页。

② 〔英〕约翰·洛克：《论宗教宽容——致友人的一封信》，见前引，第19页。

道俯首听命于官长的吩咐才是万全之策吗？

洛克对此甚为反感，他承认，即使君王们在握有权力方面确实是生来就优于他人的，但在自然本性方面也同别人一样。统治权力和统治艺术并不表示他必然同时还掌握有关其他事物的确切知识，更不要说关于纯正的宗教的知识。否则，又何以解释世上的君主们在宗教问题上存有如此巨大的分歧呢？更为重要的是，关于来世的事如果走错了路并因此而毁灭了自己，政府（官长）既没有能力弥补损失、解除痛苦，也无力使人得到任何程度的恢复，更不必说完全恢复了。“官长能够发给你什么样的进入天国的保证书呢？”[①]

洛克进一步设想了一种全新的情景，即如果人们在宗教问题上承认其权力不属于民事长官，却寻求教会的指导呢？或者说，两种势力寻求某种“合作”的关系——凡教会决定的，民事官长只是下令遵行；官长以其权威保障，任何人在宗教事务上均不得去做或者去相信那些非属教会教诲的东西。因此，这些事情的决断权在教会；官长本人服从教会，也要求其他人跟着服从。如果是这样，不是皆大欢喜吗？

洛克对此大为不赞成。他坚持认为，拯救是个人

---

①〔英〕约翰·洛克：《论宗教宽容——致友人的一封信》，见前引，第20页。

的私事，通往天国的小道，别人不会比我更熟悉、更谨慎、更关注，而且那个所谓的引路人或许和我一样、甚至尚不如我，大家都是无知的。而且，必须承认的是，历史证明，教会在大多数场合下更易于受王室的左右而不是相反——英国近代史上可以提供更新鲜的例证。如在亨利八世、爱德华六世、玛丽女王和伊丽莎白女王当政时期，教士们如何投国王们之所好，轻易而驯服地改变他们的教会法规、信条、礼拜仪节以及其他一切——这从另一个侧面说明，宗教对国家能力的影响并没有公认的那样重要，至少看起来是这样了。然而国王们和女王们在宗教观点上相殊甚远，颁布的法律也截然相反。

人必须坚持自己的良心自由，因为：

> 虽然官长关于宗教的见解可能是可取的，他指点的道路也可能是福音之路，但是，只要我在内心里未能充分相信，我就不可能放心地跟着他走。无论我要走什么样的道路，只要它违反我的良心的指示，便不可能把我引进那幸福的圣所。[①]

① 〔英〕约翰·洛克:《论宗教宽容——致友人的一封信》，见前引，第22页。

总之，在政教关系的问题上，洛克的态度很鲜明和激进。在宗教事务上，相关的认可并不是由教派的代表所做出的，而是由作为公民的不同派别的个体成员们做出的。如果人们假定最根本的地位就是公民地位，那么它就应该问在原初位置中的理性个体们，他们将会认可什么样的原则来规定公民的诸项自由权。

应该说洛克的政教分离观念只是他众多理念中的一个，在理论上看，政教关系及其互动模式在实践中更为复杂和灵活多样。一个社会的宗教团体与政府关系怎样，程度如何，既取决于底线的划定，也取决于对底线的遵守。

底线的划定需要社会的共识。所谓共识，不是某一方的“制定”，“取决于对底线的遵守”这句话意味着可能出现对底线的突破（不遵守），突破者有自己的企求，遵守者有自己的期盼。如果有遵守有突破，政教关系格局就会出现不稳定状况。能否形成新的底线或改变现有的关系模式，就要看各方的力量与取向。

对于洛克而言，他的底线就是：教会与国家互相有别并绝对分离。

国家自治，宗教自治；政权，教权；世俗自由，信仰自由——这是洛克需要的秩序。

世俗自由和宗教自由常常被人们挂在嘴边，现实中却非常罕见。因此，对于它们的明确含义和它们的相互关系的原理，人们显然知之甚少。它们的契合点，即二者生命力的共同根源，是自治的权利。[①]

政教分离不等于宗教与政治无关。政府可以和“教会”（或宗教团体）“分离”，但自从世界上有了政治，宗教的生存环境在政治上就不再“真空”，因此宗教也就不再可能与政治无缘。[②]

对于洛克来说，政治的宗教化和宗教的政治化的反复交替上演才是焦虑所在。

宗教领域的争吵貌若风平浪静，政治领域的争夺却是风云变幻；危险在于，宗教不再以过往直接对于王权的觊觎和权力的攫取作为直接的目标，而是以一种更为隐蔽的方式为政治所用、为宗教自身的政治冲动所用；政治或是国家也不再以“暴力”，而是代以教化、熏陶、篡改历史和传播的方式“控制”自由，人置身于一种新的强力之下；对宗教的利用和控制，不过是以一种暴力取代了另一种暴力，而且更为隐蔽、合理、“合法”，其对于信仰自由的“侵入”远甚于宗教冲突时代的血流成河、强迫改宗。王权神授被议会

---

① 〔英〕阿克顿：《自由与权力》，侯健、范亚峰译，译林出版社2014年版，第76—77页。

② 金泽：《宗教与政治》，《宗教学研究》2017年第6期。

至上、国家至上所取代的结果却变成了另一个新的神话与暴力的源泉。

宗教战争结束了，宗教迫害平息了，洛克的担心却刚刚开始，他所担忧的不是以信仰为名的宗教战争、宗教迫害卷土重来，而是蕴含在宗教战争、宗教迫害背后的真正的导致这些“灾难”不断发生的深层次原因被“隐瞒”“掩盖”或是“变形”，在人类内心深处“扎根”却不自知或是被遮蔽，这比宗教战争和宗教迫害的威胁更大，因为这些深层次的原因最终摧毁的将是人类的理性和人类自身。

从这个角度说，教会与国家互相有别并绝对分离也只是一种政治理想。

约翰·洛克属于他的时代，也超越他的时代，洛克的宗教宽容思想可以说影响深远，尤其是当代西方政治哲学在罗尔斯《正义论》发表后的“复活”中，洛克的思想可以说是各种思潮和学者争相解读的“资源”——不理解洛克，就无法理解当代政治哲学；理解当代政治哲学必须回到洛克的源头几乎已经成为一种共识；另一方面，洛克的政治哲学不是“书斋哲学”而是“革命政治学”，洛克本人也不是一个木讷的学者，而是一个呼唤变革的理论家和付诸实践的革命者，更是未来世界的描绘者，洛克的哲学带有难得的实践色彩，无论是英国的光荣革命、法国大革命，还是席卷欧洲的其他民主化革命，以及被看作是洛克思想“完美实践”的“最佳”政体的美国，可以说都有着深刻的洛克烙印。

第四节　未完待续

如前所述，马丁·路德将宗教宽容讲给了教会，伊拉斯谟将宗教宽容讲给了整个（基督教）“世界”，而约翰·洛克则将宗教宽容讲给世界。

只是，时代在改变，但故事似乎还是老故事。

试看，以宗教为名的暴力有一段漫长、血腥且绵延的历史。7世纪的伊斯兰“圣战”、11—13世纪的十字军东征、13—19世纪的宗教裁判所、2001年震惊世人的“9·11”事件，所有因宗教之名的暴力夺走了成千上万的生命。

正如乔纳森·斯威夫特（Jonathan Swift），这位17—18世纪的英裔爱尔兰讽刺作家、散文家、诗人和教士，《格列佛游记》的作者，在评论他那个时代面对的几个世纪以来以宗教名义发生的流血事件时，写下的为世人熟知的话：“我们有足够的宗教来使我们仇恨，但却不足以使我们彼此相爱。”

走进21世纪，从全球的角度来看，宗教偏执、迷信、狂热极端与暴力以种种新的形态和“表演”的“多元”方式成为一种主要的，甚至可能是最主要的宗教仇恨犯罪的力量源泉。

世界从中世纪以来直至近代的从身体制裁到21世纪的宗教仇恨犯罪，改变的只是“外衣”。在许多情况下，这种宗教仇恨犯罪往往演化或者表现为宗教、宗派或种族之间的威胁、冲突和迫害。

在某些情况下，冲突的宗教、宗派和种族又大都“动态”纠缠在暴力背后的复杂力量网络中。

第三章
宗教宽容的困境

随着21世纪的到来，沉寂许久的宗教暴力迫害问题的“冷场”被打破了。

一场又一场的局部战争、冲突与争端迅速揭示了人类仍然能够做到的“野蛮行为”。

宏观层面上，世界目睹了成千上万的宗教信徒（信仰者）因为宗教迫害、冲突所面临残酷的肉体与心灵的伤害乃至有受害者甚至被赶出他们的家园，宗教/信仰成为“种族清洗”中的重要因素之一。

微观层面上，宗教成为人身迫害的核心所在——宗教自由被剥夺，暴力与非暴力的宗教迫害在增加，各种社会压力导致暴力的宗教迫害和非暴力的宗教歧视不断以各种姿态衍生、发展、蔓延。

本章将通过对欧美民主政治理解下的宗教暴力迫害进行新的探究，特别是欧美民主政体理解下的宗教暴力迫害中的隐性宗教歧视和隐性宗教迫害行为做初步的、客观的分析、梳理和理解，进而对于宗教暴力歧视问题，特别是为隐性宗教迫害所呈现的新趋势做出一定的诠释，并基于欧美政教实践做出理论的探讨和思考。

欧美国家对于宗教暴力迫害的认知、判断有着其自身一套理论体系、理解系统和实践体系，而“他者”（非欧美文化）在宗教迫害问题上也有着自己基于信仰基础、政教模式、历史成因和现实问题所做出的“不同”的“综合”选择。

故此，在宗教迫害或者说宗教信仰自由问题上，众人也是各执一词。

如何正确认识宗教暴力迫害问题，正在成为一个重要的理论与实践问题，也是关乎国家政治形象，国际关系建构，宗教对话甚至族群、种族问题探讨中的严肃的基础问题。

一直以来，宗教宽容，或者更直接地说就是宗教信仰自由，其与宗教暴力迫害就是一枚硬币的两面：预防宗教暴力迫害就是在保护宗教信仰自由；推动宗教信仰自由则是防范宗教暴力迫害最有力的工具，这不单是在理论上或是历史上，更是在当代宗教治理的实践层面上十分重要的话题。

显然，宗教暴力迫害再度成为引人关注的问题。

笔者认为，可以从两个角度来研究宗教迫害：一个是动机性的，一个是行为性的。行为上的宗教迫害必然源于动机上的宗教迫害，但动机上的宗教迫害可能并不总是表现在行为上。这个问题背后的逻辑是，如果动机没有表现在行为上，就不可能通过经验观察来推断它，但宗教迫害的动机则是讨论这一问题的关键所在，因之，在谈论宗教迫害动机和行为之间不可推导的差距问题时，我将通过显性和隐性的宗教迫害所带来的一系列问题做了多组分类，如图所示：

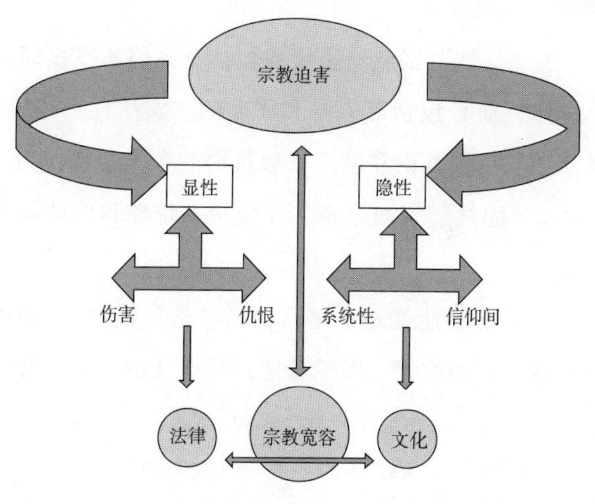

我认为：

1.之所以宗教迫害常与宗教歧视被放置在一起研究，是因为宗教迫害有“可见”和“不可见”，“硬”

冲突与“软”教化，以及外在与内在的区分。

“可见”的、外在的“硬”冲突，就是基于肢体、物质、言语等的冲突；“不可见”的、内在的“软”教化就是基于文化、歧视、冷漠、区别看待、孤立等的一种基于精神层面的伤害与打击，某种意义上说，对精神的伤害与折磨（无论是短暂的或是持久的）的“歧视”就是迫害的“形式”。

2. 我将“可见”的、外在的“硬”冲突称为“显性”宗教迫害；将“不可见”、内在的“软”教化称为“隐性”宗教迫害。

3. “显性”宗教迫害主要包括身体但不仅仅局限于身体，而且包括对人身和物质的“实质性”伤害；以及宗教仇恨言论和基于宗教仇恨的各类犯罪行为。

4. “隐性”宗教迫害主要包括系统性和信仰间的冲突。

所谓系统性就是密尔所谓的“软”强力[①]，即国家机器主导的教育、舆论等通过系统化的、时间性的

---

① 在密尔看来，要由国家主持一种一般的教育，这无非是要用一个模子把人们都铸成一样；而这个模子又必定是政府中有势者——无论是君主、是牧师、是贵族，或者是现代的多数人民——所乐取的一种，于是就不免随其有效和成功的程度而相应地形成对于人心并自然而然跟着也形成对于人身的某种专制。参见〔英〕约翰·密尔：《论自由》，见前引，第126—127页。

"教诲"改变，以不可见的"强制"使人接受一种信仰或是文化的方式。

信仰间的冲突则是接下来我将要详细介绍的，即基于文化背景（同质/异质）的宗教/信仰冲突。某种意义上说，它是文化冲突，或者说是亚文化冲突，之所以称为亚文化冲突，是因为在这一概念中，伴随着当今时代的发展，其发生作用的机理、媒介、作用、实质都在呈现一种"间接性"的巨大影响。

5."显性"宗教迫害与"隐性"宗教迫害即宗教歧视的控制武器或者也是冲突机制集中体现在了法律和文化的两个层面，也即社会控制和文化（文明）融合两个方面，要想达成社会的平衡安定发展需要的是"宗教宽容"——这也是和宗教迫害针锋相对的概念。

第一节　宗教仇恨

进入21世纪，宗教仇恨及犯罪正在成为欧美学术研究、政治生活、法律实践乃至社会与国际冲突中理论和实践的焦点，大量仇恨言论和犯罪事件、案件都涉及宗教——要么是作为被指控为仇恨观点、行为的来源，要么是作为这种观点、行为的目标。

本节将观察与思考宗教仇恨及犯罪问题在当代欧

洲的事件，涉及移民问题、“容忍度”与宗教偏见、歧视、仇恨和冲突；宗教仇恨犯罪的定义以及宗教仇恨犯罪和以宗教为动机的仇恨犯罪之间的关系；宗教仇恨犯罪的危害和基于西方政治传统的政治中立与宗教仇恨犯罪冲突下传统启蒙资源对当代困境的反思和借鉴。

笔者要考虑的问题是，当宗教是被指称为仇恨言论或犯罪的来源和目标时，宗教在适用仇恨犯罪方面有什么不同。

一、宗教仇恨犯罪与“不信任”的政教生态

为什么要对宗教仇恨言论与宗教仇恨犯罪给予特别关注？

原因很清楚：与其他类型的暴力犯罪行为相比，宗教仇恨犯罪的暴力有一些更令人震惊的地方。

在战争和内战等大规模冲突的情况下，直接暴力的影响有限，仅仅局限于武装战斗人员，平民人口往往是作为附带损害而深受其害。在以种族和宗教仇恨为动机的冲突中，或者在这种仇恨在社会冲突中发挥作用的情况下，平民人口不是作为“附带损害”，他们是暴力的蓄意目标，因为他们的身份而不分青红皂白地受到伤害。2001年，发生在美国的“9·11”恐怖袭击事件是宗教仇恨犯罪的一道分水岭。

关于宗教仇恨及犯罪问题，还有一个困境，即执法机构记录的犯罪行为是一个不可靠的指标，不能反映犯罪行为的真实程度。

我们知道，由于各种原因，许多受害者不向警察报告犯罪，而警察也没有记录所有向他们报告的犯罪行为，由于警方记录的犯罪数据的局限性，目前，一些国家使用受害情况调查来更准确地估计犯罪的普遍性。

值得注意的是，大多数宗教仇恨言论的受害者没有向警方报告他们的经历其实正在形成一个循环，一些人表示，这些事件太微不足道或不值得报告，这可能表明事件的正常化。

二、宗教仇恨与数字世界的“不可控”

在宗教仇恨犯罪和仇恨言论问题上，值得注意和警惕的是，在过去的20年左右，由于互联网迅速成为传播仇恨的最重要工具，人们对互联网在仇恨和仇恨犯罪方面的作用的关注成倍增长。互联网提供了许多“新的”和重要的调查途径。在当下，值得关注的就是网络暴力，或者准确说网络宗教仇恨犯罪问题。

（一）互联网作为仇恨的载体

互联网——我其实更愿意在更为广泛的意义上去

定义为媒介[①]，因为“媒介”这一概念要远比互联网更为宽泛——为那些寻求应对宗教仇恨（言论）犯罪的人带来了一系列相当“新潮”的挑战，特别是因为它为宣传仇恨和偏见的信息提供了一个高效、有效、匿名和往往不受监管的工具。

互联网的技术、地理和经济优势已被证明对宗教仇恨犯罪团体具有巨大的价值，可以宣传宗教仇恨犯罪的信息，为宗教仇恨犯罪的事业招募人员，扩大宗教仇恨犯罪的基础，比如设计符合年轻观众需求，并诱发其他宗教仇恨犯罪活动的全新媒介，如在线音乐和电子游戏。互联网使宗教仇恨犯罪个体或是团体通过使用未经请求的电子邮件和误导性的网络链接，使那些不会主动在网上寻找仇恨材料的人接触到宗教仇恨犯罪的信息。

（二）互联网为仇恨言论提供了通过创建虚拟“社区”产生集体身份的潜力

互联网可以发展组织联系，并通过提供廉价和广泛的通信来简化动员过程。

因此，宗教仇恨犯罪的个体或组织也认识到网络

---

① 袁朝晖：《何止Internet——数字媒介宗教的考察与反思》，《数字化时代的“互联网+”宗教研究》，中国社会科学出版社2023年版。

的重要性，他们利用互联网传播宣传、煽动暴力、筹集资金、招募新的追随者，并以前所未有的轻松方式接触大众，同时藐视传统的地理和时间界限。

（三）“超越”了基于“传统”仇恨的传播

网站可以说主要是吸引那些已经有宗教仇恨犯罪倾向的人，使用社交网络、互动博客和论坛，更微妙的仇恨和偏见的表达可能会向更广泛、更年轻和更少倾向的观众播出。

（四）宗教仇恨犯罪对互联网的影响

与互联网上仇恨的直接和间接影响有关的问题一般分为两类：影响作为犯罪者或潜在犯罪者个人的问题，以及影响受害者和社区的问题。

就前者而言，尽管犯罪者显然可以利用互联网直接威胁、骚扰和恐吓其受害者，但在线仇恨材料与煽动他人暴力之间的联系却不太清楚。

事实上，互联网宗教仇恨犯罪“被认为对具有敌意或暴力倾向的个人产生了仇恨犯罪的动机影响”。

另一个值得关注的领域是涉及故意造成情绪困扰的在线内容。尽管这也是根据具体情况而定的，但它可能包括针对个人的，特别是威胁性或羞辱性的、重复的或依赖特别敏感或无耻的材料的内容。

第三个领域与骚扰受害者的言论有关。

第四个领域是压制或贬低反面言论。

第五个领域是通过诽谤整个群体而加剧仇恨或偏见。

除了仇恨在互联网上的直接影响外,仇恨可能产生的间接影响也是一个令人关注的领域,是人们对互联网可能提供的一般而非具体的煽动仇恨、宣传偏见和负面的陈规定型观念以及恐吓某些可识别的社区的可能性表示关切。

三、宗教仇恨犯罪的定义

基于宗教/信仰的不同而产生的冲突在过去的20年间从未偃旗息鼓甚至愈演愈烈，即使在最基本的社会实践层面，每个人都有可能发现和亲身体会到的是，独自私下表达自己信仰以及与他人一起公开实践信仰的权利也不是绝对的，因为个人对其宗教信仰的表达可能对他人产生影响。

1.根据联合国的解释：虽然国际上没有仇恨言论的法律定义，对什么是“仇恨”的定性描述也存在着争议和异议，但联合国认为仇恨言论是，因为个人或群体的身份（即他们的宗教、族裔、国籍、种族、肤色、血统、性别或其他身份因素）而攻击他们或对他们使用贬损或歧视性语言的任何言论、文字或行为交流。这往往根植于不容忍和仇恨，又会导致新的不容忍和仇恨，并且在某些情况下可能有损人格和造成分裂。

国际法并未禁止如上所述的仇恨言论本身，而是禁止煽动歧视、敌意和暴力。煽动是一种非常危险的言论形式，因为它明示且蓄意地以引发歧视、敌意和暴力（也可能导致或包含恐怖主义或暴行）为目标。国际法没有要求各国禁止未达到煽动门槛的仇恨言论。不过，必须强调，尽管未被禁止，但仇恨言论也很有害。

宗教仇恨犯罪的影响贯穿目前许多行动领域，包括：人权保护；预防暴行罪、预防和打击恐怖主义以及暴力极端主义的潜在蔓延、反恐怖主义；预防和应对性别暴力；加强对平民的保护和对难民的保护；反对一切形式的种族主义和歧视；保护少数群体；保持和平；保证妇女、儿童和青年的参与。因此，需要对仇恨言论问题采取协调一致的对策，以解决仇恨言论的根源和驱动因素及其对受害者的影响乃至对社会更广泛的影响。

联合国《公民权利及政治权利国际公约》第20条第2段规定："任何鼓吹民族、种族或宗教仇恨的主张，构成煽动歧视、敌视或强暴者，应以法律禁止之。"其中：

"仇恨"和"敌视"是指针对目标群体的强烈和非

理性的辱骂、敌意和厌恶；

“鼓吹”是指怀有意图向目标群体公开宣传仇恨；

“煽动”是指发表有关民族、种族或宗教群体的言论，而此言论具有对这些群体引起歧视，敌对或暴力的感迫风险。

2. 根据《公民权利和政治权利国际公约》第20条规定了很高的门槛因为限制言论自由必须是例外的。拉巴特行动计划（A/HRC/22/17/Add.4，附件）建议必须满足以下六点门槛测试以定论某些言论是否构成刑事犯罪：

（1）背景：背景在评估某些言论是否可能煽动对目标群体的歧视、敌视或暴力时非常重要，因为它可能直接影响意图和因果关系。在分析背景时，应考虑将当时所发表并传播的言论置于社会和政治背景之中。

（2）发布言论者：应考虑发布言论者的职务或社会地位，特别是个人或组织在受众中的发言立场。

（3）言论行为的意图：《公民权利和政治权利国际公约》第20条的规定必须存有意图。纯粹的疏忽或鲁莽不足以构成《公民权利和政治权利国际公约》第20条的犯罪，因为该条规定用到了“鼓吹”和“煽动”的字眼，而不仅仅分发或传播资料。从这方面来说，它要求激活言论行为的客体、主体和受众之间的三角关系。

（4）内容和形式：言论的内容构成法院审议的重点之一，并且是煽动的一个关键要素。内容的分析可包括言论挑衅和直接的程度，以及言论所采用论点的形式、风格、性质，或其论点之间所能取得的平衡。

（5）言论行为的影响范围：言论行为的影响范围包括其所能及的范围、公开性质、规模与受众的人数。其他需要考虑的要素包括：言论是否公开；采用何种传播方式，例如是通过传单还是在主流媒体或是通过互联网广播；传播的频率、数量及影响范围；受众是否有根据煽动来采取行动的途径；该言论（或传播的信息）是否在受限的环境中传播，或是否为公众所广泛获取。

（6）可能性，包括感迫程度：根据定义，煽动是一种“初始罪”。煽动言论所鼓吹的行动不需要被落实以构成犯罪的必要条件。尽管如此，某种程度的危害风险必须被确定。它意味着法院必须要确定存在合理的可能性，该言论将成功地煽动针对目标群体的实际行动，并同时认识到存在着相当直接的因果关系。

3.美国芝加哥警察局提供的年度仇恨犯罪报告中是这样定义的：每一宗仇恨犯罪或偏见引发的事件都

满足以下条件：（1）属于基本的事件/违法行为，以及（2）犯罪动机是受害人实际上或感知上被认为属于特定人口群体的一员。所报告的事件可能是由一个人针对另一个人的人身或财产采取的任何行动造成的，包括刑事犯罪行为（例如人身攻击、殴打或刑事财产损害）和非刑事犯罪行为（例如带有侮辱、嘲笑意味的手势、文章或任何其他此类表达），其中行动的主要动机/意图是表达对另一个人的种族、性别、肤色、信仰、宗教、血统、性取向、身体或精神残疾或原国籍的仇恨、蔑视或偏见。

这一定义可以这样呈现：

“仇恨”一词可能会引起误解。

在仇恨犯罪法中使用时，“仇恨”一词并不是指暴怒或愤怒或一般的反感。它是指对具有相关法律规定特定特征的人持有偏见。

仇恨犯罪中的“犯罪”通常是暴力犯罪，例如人身攻击、殴打、纵火、故意破坏或威胁实施此类犯罪。

但是，仇恨犯罪也可能包括非暴力或财产犯罪以及共谋或要求他人实施此类犯罪，即使从未实施过此类犯罪也是如此。

美国法律认为，仇恨犯罪属于偏执行为，涉及一组特定的犯罪，其中犯罪的确凿动机为实际或感知到的有关目标受害人种族、肤色、信仰、宗教、血统、性别、性取向、身体或精神残疾或原国籍的仇恨。

四、宗教仇恨犯罪的危害

在宗教仇恨言论和宗教仇恨犯罪中，由于受到攻击的是受害者的群体身份，仇恨犯罪并不是个人行为。

正因为如此，它们传达了重复受害的可能性，因此，宗教仇恨犯罪的危害具有如下特征：

（一）隐藏性

研究表明，一些受害者说他们感到无能为力，有一种持续的不安全感和对潜在的重复攻击的警觉性，其特点是对他人的怀疑和对他们周围的安全和危险的计算的持续评估。

对仇恨犯罪的这种特殊和独特的反应之所以发生，是因为它们是对受害者身份核心的攻击。

仇恨犯罪可以被看作是“信息犯罪”，向受害者和那些与受害者身份相同的人传达他们被贬低、不受欢迎、被诋毁、被鄙视，甚至被憎恨这样的信号。

受害者随身携带着他们受害的原因：他们明显的

外表和在主流文化中对其他人所代表的东西。

为了避免潜在的伤害，一些人在可能的情况下会试图改变他们的外表，以减少他们的可见度，例如，隐藏宗教符号或不穿标志着“不同”的文化风格的服饰等。

（二）引导性

宗教极端主义分子的袭击并不是在真空中发生的。他们在宗教仇恨犯罪中所传达的态度和情绪是共同的，受害者受到的诋毁是广泛的，以下这些社区通常是他们行动的目标：来自不同宗教、少数族裔或是其他民族的人，寻求庇护者，移民和长期定居的少数民族人口。这些人被构建为“他人”，并因某种社会意义上的差异而被诋毁。虽然极端主义犯罪者是宗教仇恨（言论）犯罪者中具有戏剧性新闻价值的一端，但更多的是在普通生活中参与犯罪的日常“犯罪者”，然而，普通罪犯与极端分子有许多相同的情绪，他们生活在同样的偏执文化中。

宗教、种族、民族和仇外暴力是在对特定人群的普遍态度和价值观的文化中产生的，这种态度和价值观以某种极其消极的方式将他们视为不同的人或“他人”——仇恨犯罪的受害者往往是因他们的种族、宗教或民族身份而被选择的。在这类事件中，犯罪者可能持有民族中心主义的态度，认为某些种族或宗教信仰比他们自己的种族或宗教信仰低得多。

为了支持民族中心主义的印象，另一个群体的成员被视为懒惰、肮脏、唯利是图、暴力、愚蠢、狡猾、欺骗、控制或不道德的。

这一过程似乎在欧洲各民族国家中是普遍存在的，尽管受到诋毁的特定社区因国家背景而不同。这种诋毁导致了歧视、压迫和暴力。鉴于种族、民族和仇外暴力的社会背景，暴力的责任超出了直接犯罪者的范围，延伸到暴力所依附的文化价值普遍存在的社区。

（三）混淆性

有证据表明，极端主义在仇恨犯罪背后的冲动中起作用，但在分析宗教仇恨犯罪的罪行时，可以说最有说服力的观察是，大多数宗教仇恨犯罪的罪犯不是在有预谋的暴力袭击中发泄仇恨的“极端分子”。相反，许多人是在他们日常生活的背景下犯罪的“普通人”。他们的行为是由各种冲动和情绪引发的，而不是完全由“仇恨”驱动的，而且往往不是主要的。

这表明，犯罪并不决定大多数宗教仇恨犯罪者的生活。而且，宗教仇恨犯罪并不是一个反常现象。在他们的行动中，他们表达了其他人所共有的情感。不少人虽然对顽固的宗教仇恨犯罪者的目标表示同情，但他们拥有“内在控制”，这使他们不会通过暴力行为表达他们的情绪。

（四）宗教仇恨犯罪是对信仰自由的巨大“隐藏”冲击

在不同宗教信仰并存的社会中，在反恐的同时，保护宗教自由意味着有时可能需要对宗教自由的某些表现形式加以限制。

第二节 宗教歧视

一、宗教歧视的冲击

我们可以考察三种模式的宗教歧视：个体自发的宗教歧视、政府和宗教组织间的宗教歧视，以及宗教歧视的在线异化。

（一）个体自发的宗教歧视：情感伤害

世界上所有的主要宗教都有神圣空间的概念。我们可以将神圣空间定义为一个有界限的空间，其价值因宗教原因被置于周围空间之上。因为不是每个人都能进入或生活在神圣的空间，那么它就成为一种稀缺资源。由于这种稀缺性，那么它就成为潜在的冲突中心。

在过去的几十年里，欧洲国家穆斯林社区的增长使他们合适的礼拜场所的问题摆在了欧洲社会、各国政府和公民的面前。

尽管宗教自由在所有欧洲国家都是一项宪法权利，但开放礼拜场所和建造专门的清真寺引起的抵制是非常普遍的，并在许多欧洲城市造成了激烈的政治冲突，往往成为一个国家问题。

比如在法国的穆斯林移民，自“二战”以后，法国的穆斯林移民就不断成为一个“问题”。当时由于战后重建需要大量劳动力，因此，包括法国在内的许多西欧国家都吸收了大量的移民，其中以来自前殖民地国家的移民居多。

在20世纪50年代，大量北非穆斯林移民涌入法国。随着法国政府允许移民家属来法定居团聚的政策出台，移民人数再一次扩大。至今，穆斯林移民已经成为法国最主要的少数民族之一。

然而，近几年来，移民问题却在法国社会愈演愈烈，从穆斯林妇女的面纱，到巴黎的郊区暴动，穆斯林移民似乎成为导致法国社会不稳定的一个重要因素。穆斯林移民的困境也反映在他们宗教场所的数量有限上。长期以来，穆斯林移民都习惯于在自己家中祈祷。早期来寻找工作的移民大多过着候鸟般的生活，工作一段时间后就会回祖国与家人团聚，他们并不认为自己会长期待在法国，因此他们对宗教场所的要求较低。直到20世纪80年代，大量移民家属到法国定居，家庭的团聚使他们不再把客居生活看成是临时的，开始要求较好的宗教崇拜条件，如建立祈祷室和清真寺等，并以此来提高伊斯兰教在法国的地位。[①]

在这种情况下，“纵向的宽容”是有必要的——作为承认的宽容可以补充自由主义模式来解释、解决冲突——礼拜场所是一个有关宗教自由的问题，而宗教自由是任何人的基本权利，在这一点上，民主国家的政治当局应该给予这种权利。

然而，反对修建清真寺的一方认为，他们的立场并不是不宽容的。他们认为，穆斯林可以自由地祈祷真主，但要在“我们的”法律和习惯做法的范围内，不要造成公共秩序和安全问题。

换句话说，在欧洲城市的公共广场上建造清真寺被指责为是违反了“宽容的界限”，理由是：1.这是宗教对世俗空间的入侵；2.作为伊斯兰教宣传的隐蔽场所，它对公共秩序构成了潜在甚或直接的不可预防和探知的威胁；3.它代表了穆斯林不愿意融入欧洲社会；

① 参见徐钰：《法国穆斯林移民的社会整合与政教分离的局限》，《宗教与美国社会（第4辑）》，时事出版社2007年版，第439页。

4.它是对欧洲城市传统景观不可接受的伊斯兰化。

因此，根据这种观点，专门建造的清真寺将呈现一个宗教迫害（歧视）的例子。

但另一方面，穆斯林和支持建造清真寺的人认为，这些论点也是宗教迫害（歧视）的标本。双方都认为被伤害了。于是，政治当局被要求解决这个问题，并决定清真寺的建设是否真的可以被认为是侵犯了界限，造成了宗教歧视，或者是潜在的宗教歧视。

（二）政府和宗教组织间的宗教歧视：财政骚扰

宗教歧视也可以发生在政府和宗教组织之间。

与前述的印记和神圣空间密切相关的是群体特权，它指的是某些群体拥有不授予群体以外的人的特权和权利。因此，这些特权对外人来说成为一种稀缺资源。在某些情况下，如果这些特权不被局外人所重视，就不需要引起冲突。然而，如果属于一个宗教团体意味着他获得了某些经济利益，而其他人却没有获得这些利益，那么冲突就会随之而来。

这些经济利益就构成稀缺资源，在试图获得这些利益或试图防止这些利益的损失而叠加上信仰/宗教的理由就会演化成为宗教歧视或“疑似”宗教歧视。

（三）宗教歧视的在线异化

再看一个新的“形态”，我称之为宗教歧视的在线异化。

随着数字技术的发展，一个“意外”的技术后果是个人和团体利用参与网络的自由、不受限地在数字媒介空间从事宗教歧视的行为。这些从事或是偶尔参与宗教歧视的个体或群体往往躲在匿名的数字外衣后面。

一个案例是，美国司法部当地时间2022年6月21日发布公告，“元宇宙”〔Meta，原脸书（Facebook）〕旗下平台利用算法向用户推送房地产广告，但算法是基于用户的种族、肤色、宗教、性别、出生国等信息，这种行为违反了公平住宅法案（*FHA*），构成对社交媒体平台用户的歧视。支付的和解金定格在115,054美元，但“元宇宙”和解协议公布后，受此影响，“元宇宙”股价从开盘涨2%迅速滑落，跌幅一度接近5%，一进一出市值接近蒸发270亿美元。

“元宇宙”在这份协议中，交出最珍贵的东西是愿意接受司法系统对公司算法业务的指导。根据公告，“元宇宙”将在2022年年底前停止使用具有“歧视算法”的住房广告推荐工具，并将开发一个新系统来解决前面提到的歧视问题。这个新系统也需要得到美国司法部的批准和法庭监管。

美国司法部在公告中强调，这也是科技巨头“元宇宙”的定向广告和推送系统，首次需要接受法院审查和监督。如果美国司法系统判定“元宇宙”的新系统未能解决“差异性歧视”问题，这份和解协议将中止。当然，司法部门也不用自己来看代码。相关方将选择一个独立的第三方机构，审阅“元宇宙”开发的新系统是否满足预设的目标，同时法院将具有最终权力，决定“元宇宙”需要披露哪些信息。

可见，互联网的发展表明，数字媒体技术的能力往往有助于复制和延续人们已经经历的宗教歧视，差异从源头上被构建在互联网的架构中，这最终起到了反映和延续现有、现实宗教歧视的作用。

一言以蔽之，宗教歧视的在线和线下的“异化”表明这一行为本身是针对他人的信仰“尊严”的损害，且是通过将民族、种族或宗教等描述性特征与应该取消某人作为社会成员的资格的行为联系起来以玷污他们的基本声誉。

二、宗教歧视的认知

在当代的多元文化共生的社会中，大多数宗教歧视问题涉及的不再是直接的身体伤害和物质冲突，而是文化冲突，特别是亚文化的隐性冲突，这里面包括横向和纵向的文化冲突。

冰冻三尺非一日之寒，诸多引发关注的可见的宗教冲突并非不可避免，但往往坐失良机的原因就在于人们总是坐视问题扩大到无可救药的地步，等到暴力发生的时刻再去反思、指责甚至简单行事，而忽略了问题的“细微”源头。

所谓文化或是信仰生活的冲突，简单说就是社会多样性中出现的无法回避的基于个体和群体文化生成、养成和传承的环境与他者的不同所产生的“冲突”（无法宽容）问题，比如一些基于信仰和信仰个体的有争议的做法、习俗或生活方式，它被社会中的多数人中的某些人，掌握权力的机构或是主流的、有话语权的核心舆论、媒介等声称是不可接受的（或者被那些认同它们的人公开承认）。

有时，信仰间冲突的爆发是某一特定习俗（异质文明/信仰）与社会中主流信仰/文化原则不相容而产生的结果——如基于信仰要求的割礼、女性的切割生殖器或强迫婚姻等情况。

但很多时候，争论的焦点不是原则的不相容，而是对社会标准控制的认知和理解的不同或是不能认同，即在管理日常社会生活和促进基本社会协调的规则网络中的无法“兼容”。

例如，不同信仰者在街头相遇和公共空间的休闲聚会却会引发冲突，在这一背景下，“冲突”有可能成为政治性的而超越了信仰本身，需要纵向决定支持或反对某种做法。

然而，在社会标准恒定的情况下，它们往往仍然是社会的多数群体和少数群体（强势主流文化与弱势少数文化）之间的日常互动的摩擦所产生的横向冲突的问题[①]。

这种“摩擦”与属于其他信仰群体的人来到一个“已在”信仰群体空间密切关联，该空间由特定的社会标准和相关的信仰共同体/公民处置方式规范带来了不同的习俗、传统和信仰准则。如果新来“他者”信仰（从某种意义上说，也包括世俗论者、不可知论者）的数量很大（比如欧洲的移民、难民），至少在某些地区是这样，那么新介入的信仰者就会传达或实质性通过“扰乱”、“影响”既定的社会规范、惯例网络、相应的期望以及内在的文明理念来影响当地社会。由于社会标准是社会协调的必要工具，其控制代表了社会多数人的特定权力，因此在陌生的信仰、习俗和惯例面前，双方的冲突很容易爆发。[②]

---

① Anna Elisabetta Galeotti, “Toleration”, in Mitja Sardoč (ed.), *The Palgrave Handbook of Toleration,* London and New York: Palgrave Macmillan, 2022, p. 86.

② Anna Elisabetta Galeotti, “Toleration”, in Mitja Sardoč (ed.), *The Palgrave Handbook of Toleration,* London and New York: Palgrave Macmillan, 2022, p. 87.

这样的冲突一般需要时间来把看起来有威胁的“信仰”处理成“类似”的“文化”，通过这一过程才能实现新的社会平衡——和已经存在的社会文化的融合。

当然，这一过程也需要在国家和社会层面做出反应，对于解决社会标准方面的文化冲突最重要的制度性贡献是采取稳定的、公共认可的、宽容的法律与政策——即采取非信仰/宗教歧视模式（从某种意义上说，中立依然是歧视）使文化差异在公共领域、在所有相关的机构运行层面都能被看到和尊重，政策具有使“差异”在公共空间的存在合法化的重要作用；建构一种非宗教歧视的宽容政治话语体系作为一种认可，亦间接地使他者信仰/宗教显得更为“熟悉”和不那么具有威胁性。

另一个层面上看，公民该如何处理那些看起来陌生的不同信仰？人们应该如何面对这种扰乱日常生活秩序的新奇事物所引起的自发厌恶？

在这种情况下，我认为应当诉诸一种宽容性法律文化，即一个人对违反自己社会标准的行为所感到的不赞成的自发反应需要被严格地中止。[①]

---

① Anna Elisabetta Galeotti, “Toleration”, in Mitja Sardoč (ed.), *The Palgrave Handbook of Toleration*, London and New York: Palgrave Macmillan, 2022, p. 88.

反过来，这种严格的中止可以由纯粹的工具性因素或手段来支撑，因此这是一种“消极的宽容”（不许、不行、不能），如忍耐；也可以由“尊重”来支持，获得一种积极的意义，因为“奇怪”的社会信仰行为模式不应该被视为不尊重自己的“眼光”，它或许只是不同的传统的标志，不同的信仰/宗教应该习惯于不同的社会标准，应该掌握当地社会的标准。

当地社会的标准也应该成为新信仰/宗教的“常识”，这一过程不是通过“傲慢的强加”，而是通过一个“周到”文化性地熟悉当地社会的过程。

因为，无论是多数人还是少数人都不应该被迫突然放弃自己的信仰、规范和惯例。而采取比文化统一的社会所要求的更广泛的宽容，这是有可能的。

在适当的时候，不同的标准会融合在一起，产生一个新的、更丰富的社会规范和惯例网络会使信仰/宗教多元、共存成为可能。

三、对宗教歧视的思考

从上述分析中，我们可以体会到传统和当代宗教迫害或歧视问题之间的距离：在我们的时代，问题不再是对异教徒的迫害、杀戮、镇压和强迫皈依，而是演化成了穆斯林礼拜场所的公共能见度（目力所及的冲击）所造成的社会秩序合法性疑问，这就是为什么要谈论文化冲突和对宽容的承认来解决问题的缘由。

穆斯林的宗教自由权，总体上没有受到质疑，但人们会声称，专门建造的清真寺超出了一个多元化民主社会的容忍限度。这样，我们就可以解释，为什么一些行动者和评论家认为这种争议不是宽容和宗教自由的问题，而是对公共秩序、建筑的适应性，滋生恐怖主义的风险等的关注，事实上这也是西方社会话语体系下的宗教迫害（歧视）问题自身的“悖立性”的体现：禁止有需要的清真寺建设的主张并不是“不宽容”的，事实上，那些反对修建清真寺的人提到了“洛克式的分界线”，即代表宽容、可以“容忍”的文化、文明或是信仰的适当对象的私人良心的领域和自由也有可能被合法地限制于公共舞台（时空）。

对此，我们可以参考或关注早期宽容理论中非常重要的公共/私人分界线。

清真寺的建造当然可能会被认为是对公共世俗化领域的侵犯。在这个意义上，禁止修建清真寺是符合欧美自由主义的宽容模式。然而，对宗教宽容的这种解释会受到来自许多不同观点的质疑，这一质疑就是一般来说，从公共/私人的划分开始一直到社会容忍的合法限度中，很难甚至是没有一种宗教/信仰是完全被限制在私人范围内，而不被公众“看到”的。在这个意义上说，那些指责修建清真寺侵犯公共空间的指控就很难成立。

“公共”实际上可能意味着是“政治”或“非个人”：“公共”的“可（能）见度”则不需要甚至不应该被理解为闯入“政治”和世俗空间，反而是应理解为“公开”存在于公民社会而不是隐藏在无人区的荒漠。

事实上，那些反对修建清真寺的人提出的所有理由都很容易被质疑，因为它们被双重标准所破坏，剩下的就是声称清真寺破坏了社会标准和欧洲社会既定的公共空间，然而，这一说法并不能成为清真寺建设的依据，因为公共空间以及社会标准通常受制于社会演变，并且一直在变化：商场、公路、摩天大楼、金融区和停车场等等一切都改变了欧洲城市的公共空间。因此，声称只阻止专门建造的清真寺将再次成为双重标准的案例。①

这种情况下应该怎么办？

答案是：信仰/宗教分歧并不应该成为那些反对建造清真寺的人的真正观点。真正的问题是对社会标准

---

① Anna Elisabetta Galeotti, “Toleration”, in Mitja Sardoč (ed.), *The Palgrave Handbook of Toleration*, London and New York: Palgrave Macmillan, 2022, p. 87.

的认知与控制和公共空间认同的争夺这是否被穆斯林身份的公开可见性所破坏的问题。

从这个意义上说，如果宽容，就是承认，其对峙是由当代多元主义中各群体的不平等地位造成的，接纳（或反对）标志着承认（或否认）不同身份的合法存在和更广泛、更多样化的公共空间是否可能融合。

这样的问题在基于信仰/宗教的问题上比比皆是：堕胎问题、同性婚姻、割礼或某种身体的伤害到审查宗教仇恨言论再到宗教饮食限制都显示出与清真寺建设问题类似的模式。

像所有的公民自由一样，宗教自由必须得到国家的持续保护，才不会让其成为歧视、偏见、迫害和冲突。然而，这并不意味着国家必须“补贴”宗教以避免冲突。

平心而论，宗教迫害（歧视）尤其是狭义的宗教歧视并非由外部来源的冲击引起的，如果宗教迫害（歧视）只是随机的和暂时的事件，这多少会令人感到欣慰，但这种解释并不能给我们想要的答案。[①]

一个没有邪恶的社会是完全不可能的。同样，一

① Anna Elisabetta Galeotti, “Toleration”, in Mitja Sardoč (ed.), *The Palgrave Handbook of Toleration,* London and New York: Palgrave Macmillan, 2022, p. 145.

个没有歧视的信仰也是不可能的，这是信仰的排他性、精神的独立性和宗教凝聚力的必然呈现。

歧视也具有特定的“功能”——歧视从一个“侧面”唤醒了人们对普遍的善的标准，澄清了个人自由的限制，从而帮助维持社会秩序。

其次，作为动机的歧视及歧视行为也在教导他人，通过比较，什么样的信仰者才是善（好）的典范，这增强了正向的自豪感、幸福感和社会整体的认同。

宗教自由和宗教歧视像是生命体的双螺旋结构一样，重要的不是宗教歧视本身的问题，而是如何通过社会标准防范宗教歧视到宗教迫害的实质性行为的产生。就好像如果我们将信仰的冲突比喻成一场又一场的战争的话，我们不能只关心战争的惨烈而更要深思战争的原因，以此防范下一场大战或是将下一场战争的损失降低到最低。

第三节　信仰压制

基于前述的逻辑图，我们前两节讨论的如果说是宗教为国家带来了什么，那么接下来的部分我们就要说一下国家应该为宗教做些什么了。

首先亟待讨论的就是在当代欧美社会中普遍存在

的棘手的难题：信仰压制（belief suppression）——这个难题就摆在了每个人的眼前。

所谓“信仰压制”，即所有的人——包括激进的宗教狂热分子、宗教极端人士等——是否有在公共话语中表达、听取和考虑任何宗教观点的基本权利；对此权利，国家是否应该加以中止、阻止、限制或控制——即是否需要“信仰压制”。

在当代欧美社会的信仰面貌、思维范式、国际关系发生很大变化的今天，我认为，约翰·洛克的宗教宽容思想对这一问题的探讨依然具有现实意义和理论价值，值得我们重视，并可以丰富、扩展宗教宽容思想的内涵与外延，凸显古典自由主义宗教宽容思想的张力与活力。

一、何谓“信仰压制”

西方民主政体理论认为，一个自由的国家不应该使用“强制”机器来规范或控制人们对其他人（公民）的想法、感受、情感表达以及人们选择在公共话语中表达这些想法、信念、感情的方式、方法与手段；多数人没有道德上的权利来制定和授权执行禁止或惩罚、否认特定的观点的法律；这也适用于那些表达了“剥夺”某些群体成员的所有或某些公民身份要素的愿望或希望的观点，也许有充分的理由证明公开表达这种观点在道德上是错误的，但即便如此，在一个自由的国家里，应该“宽容”这种信仰/宗教观念的表达。

这是从宗教改革伊始的世俗化的进程的一大成果，但它也让信仰/宗教本身逐渐失去了社会效用功能，因之导致“信仰”不需要“公共”：祈祷的效果是无法衡量的，它针对的是来世的灵魂或者说灵魂的拯救，无法量化、不容易在今世进行“评估”——“教会的目的是传福音，而不是教化”——“把宗教带入公共政策的讨论似乎成为了一种不良趣味”。①

然而，客观的生存世界中，信仰、宗教、宗教组织及其信徒，除了少数例外，总是对社会、文化、经济、生活的方方面面都会或多或少、或强或弱地产生不可避免的、无法回避的影响——管理这种影响的积极和消极方面成为必然存在的公共政策问题。

“信仰压制”所要面对的就是这样的悖论，即在欧美国家的公民具有，或者说是否应该有合法的言论自由权可以导致做道德上的“错事”的权利——也就是说，是否应该有合法的权利来表达和捍卫任何（政治）

---

① 〔美〕理查德·罗蒂：《后形而上学的希望》，张国清译，上海译文出版社2009年版，第133页。

宗教观点、思想，即使这样的表达，让他人接触这些观点时可能在“道德”上是错误的，甚至意味着“狂热分子”——宗教极端分子——是否也应该有权力在公共讨论中表达他们的观点，即使这些观点会造成心理伤害甚至事实暴力，因为“理性听（观）众”并不存在——每个人（个体）都是“狂热”的。

关于信仰压制的定义，克里斯蒂安·斯卡根·埃凯利（Kristian Skagen Ekeli）对“压制”使用的是“沉默效应”（the silencing effects）这样一个更具有哲学性的概念①，但他的看法和笔者的主旨相去较远。

我的核心观点是：长期以来，我们对于宗教与政治的关系中，一直将宗教视为“弱势”地位的传统思维方式极大地束缚了政教哲学的正确的理解路径和对于经典思想，特别是约翰·洛克宗教宽容思想的张力与生命力。

我所强调的是政治和宗教关系中，政治和宗教相互都进行着重要的、冲突的、摩擦的、等同的力量的角逐，只是伴随历史环境的不同此消彼长而已，政治和宗教本身都具有向对方扩张的冲动与需要，宗教并

---

① Kristian Skagen Ekeli, “Toleration, Respect for Persons, and the Free Speech Right to Do Moral Wrong”, in Mitja Sardoč (ed.), *The Palgrave Handbook of Toleration*, London and New York: Palgrave Macmillan, 2022, p.167.

不是“弱者”、受政治庇护的角色，其本身具有扩张、向前迈进一步，向政治领域提出更多诉求的可能与现实，这也是洛克为什么一再强调一定要在政治和宗教之间画出一条清晰的界限，画出界限本身要远远重要于这一行为的结果，这是有着历史的考察和对惨痛经历的思索的结果的。[①]

在宗教宽容思想的集大成者和对于近代以来宗教-政治理论“范式”和实践都产生不可磨灭的影响的约翰·洛克看来，要实现宗教宽容、实现政教各安其位，拥有“真正的宗教”，就必须严格区分公民政府的事务与宗教事务，并正确划定二者之间的界限。如果做不到这点——严格区分公民政府的事务与宗教事务——那么，那种经常性的争端，即“以那些关心或至少是自认为关心人的灵魂的人为一方，和以那些关心国家利益的人为另一方的争端”[②]便不可能告终。

因之，我认为信仰压制——特别是其词源意义上和强力的关系更为准确地凸显出了我想说明的张力、冲击力和双方的关系。

即自由主义的宽容理想要求A（如个人、团体、

① 袁朝晖:《自由、平等、秩序与宗教宽容——约翰·洛克〈宗教宽容书简〉述评》,《世界宗教研究》2017年第2期。

② 〔英〕约翰·洛克:《论宗教宽容——致友人的一封信》，见前引，第5页。

国家或多数）允许B（即个人或团体）做X，即使A强烈不喜欢或不赞同X（如B的行动、信仰或做法）。

在自由主义民主中，宗教（政治）宽容位于规范、约束、调适人们行为的政治和法律机构框架之下，以保护个人和团体的自由或个人和团体的选择权。宗教（政治）宽容是自由民主社会必备的一种政治秩序应有之义，在这种秩序中，国家的政治和法律机构确保B不会被A阻止去做事件X，即不喜欢或不赞成X的不宽容的他者（个人、团体或大多数公民及其当选代表），可能、潜在或者意图阻碍B做X——即使这只是一幅理想的图景。

在那些捍卫自由民主国家的人中，对（政治或宗教）宽容的范围和限度实际上有很大分歧、异议与实践难题，这是关于宗教宽容的“范围和限度”的一个重要的、不可回避的问题。

在政治社会生活中，是否以及在多大程度上允许大多数公民和他们选出的代表制定并授权执行对极端主义言论——如仇恨言论，否认大屠杀、亵渎，或主张、或鼓励宗教极端主义、宗教恐怖主义——的限制，是需要我们认真思考的现实问题，也是我一再提及需要“回到洛克”的缘由所在。

二、信仰压制是必须的吗?

为什么要“压制”信仰?

或者说，经历了自宗教改革以来的政教关系的建构而形成的政教分离模式，为什么在“信仰压制”的问题上，如此束手无策、左右为难呢?

在此，我将以“宽容空间”作为论述的逻辑来解释“信仰压制”的正与反。即最“狭小”的私人空间（个体）到组合的神圣空间（群体、社区和教会、组织）再到广义的公共空间（社会、政府、国家、国际）的阐释组合。

（一）个体层面的情感

事实上，现实和理论之间总是存在着“鸿沟”。就个体或群体而言，在公共话语中对宗教言论进行某些基于观点的限制的一个重要论据是：关乎信仰的言论可能会产生“沉默效应”。

权利是非个人的，不过是在个人之间系统地“分配”，宗教宽容在生活中涉及个人态度，因此在社会上以更随意的方式表现或行使。[①]与其他类型的暴力犯罪

① David Heyd, “The Mutual Independence of Liberalism and Toleration”, in Johannes Drerup and Gottfried Schweiger (eds.), *Toleration and the Challenges to Liberalism*, London: Routledge, 2021, p.82.

行为相比，基于信仰/宗教的“暴力”——无论是身体的还是情感的——有一些更令人震惊的地方。

生活的现实告诉我们，如果不加制止，某些形式的宗教（极端主义）观点的公开表达就会有“阻止或抑制其他目标群体成员的作用”——也就是说，特定信仰-宗教群体会被阻止“或像其他公民一样参与舆论的形成”[①]。

在这种情况下，出于对个人安全或生计的担心，或者由于感觉自己的地位“受到了侵犯”，一些（也许是许多）宗教仇恨言论的受害者倾向于其自身避免参与公共舆论的形成；调整他们所表达的偏好以适应环境或发现即使他们决定说出来他们所说的也会被置若罔闻，因为其他人对他们的“评价很低”。[②]

罗里·利特尔（Rory Little）谈到了类似的问题并从对整个社会的影响的角度进行了阐述：

生活在大社区中的少数群体目标受到的伤害

① Kristian Skagen Ekeli, “Toleration, Respect for Persons, and the Free Speech Right to Do Moral Wrong”, in Mitja Sardoč (ed.), *The Palgrave Handbook of Toleration*, London and New York: Palgrave Macmillan, 2022, pp.166–168.

② Kristian Skagen Ekeli, “Toleration, Respect for Persons, and the Free Speech Right to Do Moral Wrong”, in Mitja Sardoč (ed.), *The Palgrave Handbook of Toleration*, London and New York: Palgrave Macmillan, 2022, p.168.

> 不容忽视：当一个社会被反犹太标牌、焚烧的十字架和诽谤性的种族传单所玷污时，（社会）的安全保证就烟消云散了。警惕的警察部队和司法部可能仍会使人们免受攻击或排斥，但仇恨言论的对象却失去了社会将其视为具有同等尊严的人的保证。①

因此，“沉默效应”就不得不使人们追问，国家（社会）应该尊重人作为思维主体的地位，那么，如果极端主义的宗教观点能够产生“沉默效应”，而基于观点的限制将影响民主社会中人们整体参与公共讨论的自由或机会；自由民主国家的公民即使在公共话语中表达极端主义观点是否应该拥有合法的言论自由权呢？如果一个言论行为以构成侵犯他人参与公共讨论的基本权利的方式使他人沉默或旨在使他人沉默，那么这种言论行为就不属于做道德“错事”的自由言论权的范围。

人们可以认为，满足以下两个条件之一的言论行为可以使他人沉默：通过威胁进行胁迫的条件；煽动

① Chris Demaske, *Free Speech and Hate Speech in the United States*, London: Routledge, 2023, p.30.

即将发生的暴力的条件。[①]

基于此，在公共话语中表达某些（政治）宗教观点，可以通过不同的方式对其他人的生活产生重大影响并改变其他人的行为背景或环境：

第一，在有关社会组织和文化的问题上，公开表达和讨论或多或少的极端观点，可以影响“我们”对“他人”和“自己”（这三者的身份是角色互换的）的看法，这可以看作是**“身份骚扰”**；

第二，公开表达极端主义观点（例如，宗教极端主义观点、种族主义观点或基于意识形态的宗教观点和传统）会造成心理伤害，这可以称之为**“情绪困扰”**；

第三，思想和意识形态的传播会随着时间的推移导致冲突，并成为政治—冲突—暴力—战争—革命或恐怖主义的来源。尽管个人公开表达自己的观点或意识形态只是可能改变其他人思考、感受和行动的背景或环境，但公开表达关于社会文化和组织的观点或想法会构成对其他人基本道德权利的**“直接侵犯”**。[②]

---

① Kristian Skagen Ekeli, “Toleration, Respect for Persons, and the Free Speech Right to Do Moral Wrong”, in Mitja Sardoč (ed.), *The Palgrave Handbook of Toleration*, London and New York: Palgrave Macmillan, 2022, pp.168–169.

② Kristian Skagen Ekeli, “Toleration, Respect for Persons, and the Free Speech Right to Do Moral Wrong”, in Mitja Sardoč (ed.), *The Palgrave Handbook of Toleration*, London and New York: Palgrave Macmillan, 2022, p.166.

此外，必须清醒地看到，宗教与生俱来的产生和维持社会凝聚力的能力有其“阴暗面”——并非总是“光明”，它往往将（被）其他人认为是排斥和边缘化他者，这会导致群体内部的“两极分化”和相互“反感”——我称之为“**宗教扭曲**”。

除了上述（个体）情感的伤害，就下来就是群体（虔敬者）的“宗教真理”问题。

宗教与政治是两种不同的人类历史现象，也是两种不同的社会文化事物，它们之间的相互作用不是抽象的，而是由具体的人以及由人们组成的社会群体来推动的。

宗教与政治都不是孤立的现象或事项，而是处于持续的互动关系中。[①]

信仰与政治、国家、社会、组织机构之间似乎纠缠不清，神圣和世俗是相互排斥的吗？在大多数欧美现代民主社会中，两者之间看似有一条分界线，通常是明确的、受到认可的，不过也允许两者协同运作。私人的虔敬被留在世俗程序和国家公共机构的门外，国家与行政机构避免公开与一般的宗教或任何特定的宗教结盟，然而事实上，对于虔诚的宗教信徒来说——对于具有规定

① 参见金泽：《论宗教与政治》，《宗教学研究》2017年第3期。

性教义的较传统宗教的信徒来说——神圣与世俗的区别，在他们看来是一个错误的二分法：

1.那些相信自己掌握了宗教真理的虔诚的宗教信徒认为需要通过日常生活和环境并且允许在公开场合和私下空间“自由”表现和实现他们的信仰；一个自认为民主的社会必须合理地适应这种信仰的公开表现。

2.在非民主社会，以及在那些没有充分实行民主的社会中，国家可能认为它有权利或义务代表大多数公民的宗教——如果这对塑造他们的集体文化认同有重大贡献。

3.尽管现代民主社会正变得更加世俗化，但对签署国具有统一约束力的越来越多的国际人权要求国家促进宗教自由的权利并尊重和保护其所有公民的文化和信仰。①

随着这些社会在宗教和文化上变得更加多元化，神圣和世俗之间的分界线也变得越来越模糊了。

宗教教义使两者都无法妥协，都无法避免参与表现宗教信仰的行动。因此，正是将宗教的公共和私人部分分离的渐进过程，因为它们与行为有关，为衡量

---

① Kristian Skagen Ekeli, “Toleration, Respect for Persons, and the Free Speech Right to Do Moral Wrong”, in Mitja Sardoč (ed.), *The Palgrave Handbook of Toleration*, London and New York: Palgrave Macmillan, 2022, p.166.

国家中立性在民主社会中的普遍程度提供了主要手段。

对于宗教个人和宗教组织来说，私人虔诚和公共行为应该而且必然是同义的：两者都努力确保行为符合宗教信仰；他们的观点和行动必然常常是教条式的，因为宗教教义与教条使他们无法妥协。

这种区别正在迅速扩大成为当代世界的一个断层和一个反差：如何将源自传统宗教信仰的道德主张与现代的平等和非歧视法相协调以确保由宗教信仰（内在）引发的宗教行为（外在）符合维持当代公民社会所需的规范？

在欧美自由民主政体中，虔诚的人——无论是福音派基督徒、穆斯林还是其他人——是否要被视为“过时”的偏执者（或是超前的激进者），只有在他们符合社会规范或被“要求”退缩到“门口”的宗教“领域”才能被宽容？或者应该实行“排他性岛屿”（孤岛）政策为其参与公民社会提供便利但允许他们不受平等和非歧视法的特殊的限制？[①]

特别是，根据社会冲突理论，言论自由是社会的“压力阀”（societal pressure valve），开放的言论会带来真理，但在今天，基于群体身份的仇恨猖獗和隐蔽，

---

① Kristian Skagen Ekeli, “Toleration, Respect for Persons, and the Free Speech Right to Do Moral Wrong”, in Mitja Sardoč (ed.), *The Palgrave Handbook of Toleration*, London and New York: Palgrave Macmillan, 2022, pp.155−157.

这些行之有效的论点是否已经失去了影响力？如果将互联网这一全球性媒介也纳入讨论范围，那些保护仇恨言论的强硬立场就会变得更加棘手。[①]

因之，有学者指出，按照目前的适用情况，美国宪法第一修正案的言论自由条款预先假定了所谓自主个人之间的平等程度，而这种平等实际上并不存在。

因此，某些类型的言论，包括仇恨言论，受到了保护，其前提是政府对言论的监管越少，每个人的言论权利就越大。然而，正是这种关于言论自由、平等和自治的论述进一步压制了丧失权力或边缘化群体成员的声音。[②]

借用巴赫金的一个观点就是，宗教宽容、信仰自由或是“信仰压制”就像是一个精心策划的多声部生成结构，它并没有压制不宽容的语言——比如反犹太主义和其他形式的仇恨言论在生活中大量出现——但其结构化的声音游戏将种族主义和宗教不宽容与其他看待和言说方式进行对话[③]——效果却并非所愿。

---

① Chris Demaske, *Free Speech and Hate Speech in the United States*, p.11.

② Chris Demaske, *Free Speech and Hate Speech in the United States*, p.12.

③ Paul Yachnin, “Shylock, Conversion, Toleration”, in Alison Conway and David Alvarez (eds.), *Imagining Religious Toleration: a Literary History of an Idea, 1600–1830*, Toronto: University of Toronto Press, 2019, p.22.

（二）信仰压制问题的另一端——国家（政府）的角色

加莱奥蒂一针见血地指出，宽容作为承认的论点已经被证明是基于自由正义的原则，即不歧视、尊重、平等和包容。但有些人可能会反对公众认可——因为这意味着与自由主义原则的冲突——与中立性、普遍性和公正性的冲突。“承认”事实上似乎意味着差异的内容应该得到考虑和评估；在这样做的时候，国家及其官员将不得不以某种善的理想作为标准。但是，这样一来，自由主义国家就会放弃其反完美主义的立场。[①]

此观点再次“强化”了信仰压制与（国家）强力的关系与张力。

国家对宗教保持中立的原则。国家中立原则的起源以及它的大部分有效性在于国家在面对教条或教义时面临的困难——每一种宗教都坚决地致力于其信仰的唯一正确性、真理性，一个“务实”的国家会承认确定某一套信仰的真实性或在具有相互冲突的信仰的公民群体之间做出选择将超出其权限。

此外，维持社会稳定要求国家被视为以同样的谨

---

① Anna Elisabetta Galeotti, *Toleration as Recognition*, Cambridge: Cambridge University Press, 2002, p.14.

慎态度对待它们。因为所有宗教都有一个共同的超验取向即向神圣而非世俗寻求权威性的指导，它们都声称有权处理自己的事务——决定自己的教义、任命神职人员、管理礼拜方式等等——不受国家干预。

（三）信仰压制的“国际化”

更进一步，在国内和国际上，它使人们难以制定针对特定宗教团体的积极或消极的政策，或处理由宗教引起的暴力而不被谴责为是极端主义等。国家中立性是否应该被解释为“冷漠”？那么可以想象，国家可能会被卷入对宗教组织的不同需求的无休止的回应中，并有可能成为信仰的“人质”，因为即使是最小的宗教也可能找到一些理由来抗议国家的举措对其产生非中立的后果。

在实践中，国家和宗教从来没有自主地共存过：国家和宗教一直有着紧密而复杂的关系。

此外，现实已经展现了：当今世界，国家和宗教/文化/民族不一致时，当种族、宗教和地缘、领土问题“叠加”时，国家认同就最有把握；当它们“不重合”时，国家认同就变得十分不确定：多元主义和多样性是当代民主国家的标志，可是必须承认的和不得不面对的事实就是，它对统治者来说，是个随时会引爆的有关国家的形成、维护和安全的问题。

三、回到洛克

区分可憎的“言论（行为）”和我们都希望保护的“言论（行为）”真的那么难吗？

“信仰压制”问题从某种意义上说不过是“新瓶装旧酒”。

西方自宗教改革以来的政治－宗教演进的历史表明，在一个自由民主的国家里，正常的情况下任何诉诸强制的行为都要证成其合理性、必要性和正当性，因为只有当“压制”从道德和实践的基础上被排除时，宽容才能成为一种广泛共享的价值，而不是一种特别的政策。[①]

对于生活在宗教改革后教派分立、纷争的17世纪的约翰·洛克而言，他的态度非常明确：各种各样的宗教都受到法律的保护而令其免受国家的干涉，而且没有任何一种宗教能够通过僭越和滥用国家权力来支配和“**压制**”其他宗教。

（一）一个开放性的文本

需要特别指出的是，事实上，我想提供的是一个开放性的文本。

“回到洛克”提供的只是解决问题的方法之一，即

① Anna Elisabetta Galeotti: *Toleration as Recognition*, p.94.

古典自由主义的传统，但这一解决方案也饱受质疑。

因此，我们也可以讨论其他的解决思路，比如霍耐特的“承认”，作为一种社会正义理论的选择，它承认个人只有在更大的社会背景下才能成为完整的个体。霍耐特以黑格尔的论证思路出发，指出黑格尔与卢梭和康德的相似性，都旨在解释国家秩序的原则。但黑格尔的不同之处在于，他认为法律的作用不仅仅是保护个人自由。相反，黑格尔假设，法律体系必须创造一个情境，一种状态，即让每个人的自由在其中得以实现。换言之，共同体与个人的自主权同等重要，甚至更为重要。他的立场将重点从消极自由的方法上转移开来，要求政府考虑（信仰）言论对公民自由的影响，而不是将言论自由作为一种公民自由。

其实，美国社会也对美国宪法第一修正案对于言论自由尤其是宗教言论的保护提出质疑。

有激进的学者指出，美国宪法第一修正案的论述本身就是一种霸权，一种教条式的意识形态，在这种意识形态下，几乎没有关于自由思想的自由思考。

因为，与歧视性做法直接而明显的法律领域不同，第一修正案的压迫性力量是隐蔽的、看似被动的，所以要揭开第一修正案压迫性因素的面纱，必须从话语、历史和关系的角度考虑权力与言论自由之间的联系。

在当代关于宽容问题的讨论中，关于宗教宽容的辩论似乎已经陷入僵局，一次又一次地回到同样的问题上：政府立法机构是否应该展示十字架？言论自由是否需要顾及对亵渎神明的担忧？等等。

宽容辩论中的立场已经趋于强硬。一方是对宽容话语进行批判的人，如温迪·布朗（Wendy Brown）、塔拉勒·阿萨德（Talal Asad）和迈克尔·桑德尔（Michael Sandel）；另一方是为西方自由主义传统辩护的人，这些人的起点就是洛克，再如约翰·罗尔斯（John Rawls）、理查德·罗蒂（Richard Rorty）和约瑟夫·拉兹（Joseph Raz）等。

实际上，宗教是人类进化中的普遍现象：它是所有已知历史社会的特征。宗教的普遍性和历史成就最有可能与创造有意义的秩序和对社会融合的贡献有关，但对于宗教为什么以及如何在整个人类进化过程中保持如此重要和恒定的作用，还没有共识。

在人类社会历史上，现代性和启蒙运动引入了一个重要的“停顿”（caesura），但它仍然形成了当代政治哲学的问题。虽然世俗政治安排早于现代性和启蒙运动，并不都是西方的，但正是在这一时期，世俗主义以其多种形式和含义出现。作为一种政治和知识趋势，世俗主义产生了巨大的影响，传播了国家与神圣事务分离的现代宪政实践的概念，开辟了一个没有宗教的社会的可能性。从马克思、弗洛伊德到帕森斯和早期哈贝马斯等伟大的世俗主义思想家，都深信现代性的进步将导致上帝的死亡和宗教的致命解体。[①]

（二）聚焦洛克

对于洛克来说，政教分离原则中并不是没有公共利益，也不是仅仅是私人领域，它涵盖了共同体的利益和个人利益的统一；它既保卫了世俗政治也保护了宗教信仰，二者是一样的和一致的。二者在各自的范围内拥有着巨大的活力。

所以，关于“信仰压制”——这个新的话题，其实不过是旧日问题的升级版——洛克深知，信仰表达自由是所有自由当中的最难解之题——任何对宗教真理的宗派性解释都不能被承认为是对公民的约束，即法律保护言论自由和良心自由。

洛克首先区分了两类宗教信条类型：实践性的和思辨性的。

他认为，思辨性的见解和人们所称的信条只要求人们相信，而不得以国家法律强加于任何教会。

① Camil Ungureanu and Paolo Monti, *Contemporary Political Philosophy and Religion:Between Public Reason and Pluralism*, London: Routledge,2018, p. 1.

显然，这和洛克的哲学观点是一致的。更为值得关注的是，洛克认为，合法地信仰传播的自由权力是不容侵犯的，政府对于无碍公共利益的信仰信条的传播是不应禁止的，即在任何教会里的表达或传布是自由的。

洛克举例说，如果一个罗马天主教徒相信，别人称之为圣饼的东西确实是耶稣的躯体，他并未因此而损害他的邻人；如果一个犹太人不相信《新约》是上帝之言，他并未因此而给人们的公民权带来任何变化；如果一个异教徒怀疑《圣经》的真伪和故事，他也不应当因此被视为有害的公民而受到惩罚。因为这种信仰层面的思辨性的自由的权利同人民的财产安全和个人生活而言都是无损的。尽管不同信仰的人对于这个问题一定会有不同的观点甚至是反对的建议，但法律的责任并不在于保障见解的正确性，而在于保障国家和每个具体个人的人身与财产的安全。

所以，如果有了这种认识和制度的保障，那么就可能使得真理独立自主地行动并很好地“生存下来”。真理不需要权势者的帮助，因为真理与权势“没有缘分”；真理不是靠法律教诲的，也不需要“强力”将它带入人们的心灵里。反之，谬误倒的确是借助于外力的支持和救助传播开来的。人所能做的，是意识到如果真理不以自己的光芒来开辟通往悟性的道路，它就只能是个弱者，因为任何外来的强暴都可以强加于它。对于一个真正的宗教真理的追求者来说，的确要做到“应该勤恳谨慎地来使自己增益知识，不要多事约束他人”。

这个问题在当代尤其重要，毕竟，“差异”的公开可见性象征性地代表了不同的信仰/宗教在公共场合存在的合法性。反过来，不同的信仰/宗教形态出现在公共场合的合法化意味着其被纳入公共领域，与其他信仰/宗教实践和行为“正常”的人处于同等地位。

这种包含关系意味着接受相应的身份，因此接受那些以这种身份为标志的人不仅获得了在公共场合露面的可能性，而且不必隐藏不同信仰者的差异，这让他们在公共场合的出现可能不再是一个让人感到尴尬的局面。

换句话说，通过允许不同的行为进入公共领域，宽容象征性地肯定了该信仰行为的合法性以及公共领域中相应身份的合法性。①

对于实践性的意见——道德行为——洛克认为，一种美好的生活即使其中丝毫不包含宗教与真正虔诚的成分，也是与公民政府息息相关的，而且人们的灵

① Anna Elisabetta Galeotti, *Toleration as Recognition*, p.104.

魂拯救和国家的安全两者都寓于其中。

因此，道德行为同时属于外在法庭和内在法庭双重的管辖，同时属于公民的和私人的统治，即同时属于政府（官长）和个人（良心）二者。这样，也就潜伏着极大的危险性，因为政府（官长）的管辖权可能侵犯个人（良心）自由的可能，从而在公众利益的维护者和灵魂的拯救关怀者之间，很可能会发生冲突。但是，基于前述内容，如果二者都能够在自己的权辖范围内发挥各自的权力而并不逾越“界限”，即坚持政教分离的原则的话，那么，二者之间的和平共处是可能的。

哈里斯（Candida Harris）就对于美国仇恨犯罪问题的“界限”做过一个精确的表达，即如果法律在这方面的作用是对表达施加界限，那么就必须明确非法或不可接受的表达的内容或性质，以及未表达或私下表达的思想和观点与以某种方式进入公共领域的思想和观点之间的界限。①

对于个人（良心）自由而言，洛克认为每个人都有着不朽的灵魂，它能够享受永恒的幸福或无尽的苦

① 转引自Chris Demaske, *Free Speech and Hate Speech in the United States*, p.21。

难，但这幸福有赖于他在今生对于那些为获取上帝恩典所必须做的事情，也就是以上帝为目的。而规定的那些事情，是否相信并按照去做，由此可以引出如下结论：

（1）遵守规定是人类最崇高的义务。

（2）既然一个人不可能因为他自己的错误见解和不恰当的礼拜方式而侵犯另一个人的权利，也不可能因为他自己的毁灭而给他人的事务造成危害，因此每个人对于得救的关心只是他自己的事情。但是，一切强力和强制应予禁止。

（3）对于人今生的尘世生命而言，须有某些外在的方便以维持生命，而这些又是通过人们的辛勤和努力才能获取或保持的，这就要求人与人不得不互相结成社会，以便通过互相支持和协同力量，在那些有助于今生安适和幸福的事情上，能够互相保障各自的财产安全。和这种社会需求不同的是，在另一个层面上，实现永生的事则留归每个人自己去照应，因为要达到永生，不能靠他人的勤奋，失去了它，也不会危害他人的利益，更不可依靠外部的暴力获得，自然也不可为外部暴力所夺去。

宗教宽容、政教分离的原则建立在接受多元主义的基础上，承认在公民社会中没有一种中心原则来指导，无论是政治的或是宗教的，不同的人群生活在统一的法律架构下，法律保障人们的宗教和世俗权利，保障人们的言论、结社、和思想的自由。

（三）自由主义的一个核心思想是尊重人作为对自己的身体、心灵和独立生活拥有主权的思考者的地位比保护和促进利益或促进良好的整体、社会后果更有优先理由

根据洛克的上述观点，它要求在当代社会中，一个国家（社会）给予仇恨言论者及其潜在听众（即"我们"或者"其他人"）作为发言者和听众参与公共讨论的权利不受国家施加的基本观点的限制。这不是因为他们作为自由和平等的公民的基本利益超过了仇恨言论对象的利益，而是对人作为思维主体的地位，以及对他们自己的信仰和价值观上的自主权的尊重，为这一权利提供了基础——无论他们在表达、考虑或听取极端主义观点方面的利益有多重要。

从欧美国家的政治传统与政治实践来说，政治机构必须尊重人作为思维主体的地位及其对自己思想的主权权威，这意味着"我"必须接受其他人有基本权利"蔑视"这个"我"，认为"我"缺乏尊严，并表达这些信念或信仰。这适用于"我"和所有其他人——无论是否属于弱势的少数群体，也无论自由主义者、种族主义

者、宗教原教旨主义者、伊斯兰恐惧症患者。

有学者不无激进地指责约翰·洛克，认为是宗教宽容的“消极”让“西方世界未能有力打击伊斯兰恐怖主义”，现在的局面“是西方思想中宽容观念的直接结果”。[①]因为，宗教宽容让“保护潜在甚至公开的对手的权利的趋势很明显”。[②]

（四）洛克也正在遭遇到人们的非常严厉的挑战

德玛斯科就指出，（美国）关于言论自由的传统观点强调的是自主个人的特定形态，确立了我们目前声称个人存在于社会之外的说法。因此，言论保护只保护个人，几乎不考虑对更大社会群体的影响。具体就仇恨言论而言，这一长期坚持的立场已被证明无法有效确保所有个人的声音都能被听到。事实上，正如大量社会和心理学研究表明的那样，它强化了社会不平等，使某些群体进一步被污名化、边缘化和成为攻击目标。从原子化个人的角度来看待仇恨言论，将继续产生同样的结果。解决之道可能既显而易见又激进。我们需要从根本上转变对（言论）自由及其在社会中

---

① Scott Robinson, *John Locke and the Uncivilized Society: Individualism and Resistance in America Today*, Lanham: Lexington Books, 2021, p.191.

② Scott Robinson, *John Locke and the Uncivilized Society: Individualism and Resistance in America Today*, Lanham: Lexington Books, 2021, p.192.

的作用的思考方式。[①]

这一问题的棘手程度可见一斑，实际上，世俗自由和宗教自由常常被人们挂在嘴边，现实中却非常罕见。因此，对于它们的明确含义和它们的相互关系的原理，人们显然知之甚少。

它们的契合点，即二者生命力的共同根源，是“自治”的权利。政教分离不等于宗教与政治无关。政府可以和“教会”（或宗教团体）“分离”，但自从世界上有了政治，宗教的生存环境在政治上就不再“真空”，因此宗教也就不再可能与政治无缘。从这个角度说，教会与国家互相有别并绝对分离也只是一种政治理想。

世俗国家有充分的理由“宽容”宗教言论，给予宗教“自由”，不因言论不符合宗教/政治要求而对其进行限制。然而，也不能忽视这样一个事实，即当处于大众或者是大多数甚至几乎所有的公民都会保持对一种或某种特定的信仰/宗教的“认同”的情况下，国家（区域）有理由采取可能对宗教信徒产生高度情感影响的言论进行“管制”。逻辑上看，国家有可能利用这一理由“干预”个人/组织的自我表达。

此外，与洛克在17世纪讨论时所提出的问题一

---

① Chris Demaske, *Free Speech and Hate Speech in the United States*, p.123.

样，在当代社会，一个“理智”的国家或政府应保护那些对宗教教义（行为准则）、宗教组织和领导人，以及对他们所产生的社会影响表示反对的言论，公开处理宗教和意识形态的冲突比试图压制其公开表达要更为明智——在一个宽容、自由的社会中，各教会和教派与社会不需要担心彼此之间出现“冲突”或是糟糕的情况，因为没有人能够控制国家的强制力来惩罚或压制其他信仰或是宗教，无论是个体还是组织。

结　语
宗教宽容的未来

今天，宗教宽容是欧美国家的一项基本原则，但却有着复杂的历史，尽管过去多个世纪在推进自由方面取得了重大进展，但即使是致力于自由价值观的欧美现代社会，有时也会在宗教自由的解释、实施和保护方面进行“挣扎”。

我们看到的是：

1.1953年9月3日正式生效的《欧洲人权公约》第9条规定的人人有权享有思想、良心以及宗教自由。此项权利包括改变其宗教信仰以及单独地或者同他人一起，公开地或者私下地，通过礼拜、传教、仪式以及对教规的遵守表示其宗教或者信仰的自由。人拥有表示个人宗教或者信仰的自由仅仅受到法律规定的限制，以及基于在民主社会中为了公共安全的利益考虑，为了保护公共秩序、健康或者道德，为了保护他人的权利与自由而施以的必需的限制。

2.根据《公民权利和政治权利国际公约》第18条的规定，人人有权享受思想、良心和宗教自由；此项权利包括个人维持或改变其宗教或信仰的自由，以及单独或集体、公开或私下地以礼拜、戒律、实践和教义来表明他的宗教或信仰的自由。任何人不得遭受足以损害他维持或改变他的宗教或信仰自由的强迫。表示自己的宗教或信仰的自由，仅受法律规定的限制以及为保障公共安全、秩序、卫生、道德或他人的基本权利和自由所必需的限制。此外，第18条最后还规定该公约各缔约国应当尊重父母和（如适用时）法定监护人保证他们的孩子能按照他们自己的信仰接受宗教和道德教育的自由。该公约第26条规定了非歧视原则，该原则也包括不得基于宗教信仰歧视他人。

3.宗教自由的原则在其他文件中也有出现，例如联合国于1989年通过的《儿童权利公约》第14条就做了明确规定。类似地，1969年的《美洲人权公约》第12条规定每个人享有良心和宗教自由。该权利包括维持或者改变其宗教或信仰的自由，以及单独或集体、公开或私下表明或传播其宗教或信仰的自由。任何人不得遭受可能损害其维持或改变自己宗教或信仰自由的限制。表达个人的宗教或信仰的自由，仅受法律所规定的为保障公共安全、秩序、卫生、道德或他人的基本权利和自由所必需的限制。最后,《美洲人权公约》第12条规定父母或监护人在特定情况下有权根据他们自身的信仰对其子女或被监护人进行宗教和道德教育。《欧洲联盟基本权利宪章》(简称《宪章》)也通过和《美洲人权公约》相同的方式保障思想、良心和宗教自由。(《宪章》第10条)它也规定了父母的权利,即“父母确保其孩子受到的教育和教学符合其自身的宗教、哲学和教育信仰的权利,应根据规制该权利行使的相关国内法得到保障”。(《宪章》第14条第3款)

4.欧洲人权法院也在多个场合强调了思想、良心和宗教自由的重要性。一般来说,思想、良心和宗教自由被认为是民主社会的基础;具体来说,欧洲法官认为宗教自由是形成信仰者身份及生活理念的重要因素。我们也看到了,世界从中世纪以来直至近代,从身体侵犯、制裁到21世纪的宗教仇恨(言论)犯罪,改变的只是“外衣”。

在许多情况下,宗教犯罪往往演化或者表现为宗教、宗派或种族之间的威胁、冲突和迫害。在某些情况下,冲突的宗教、宗派和种族还有宗教极端势力又大都“动态”纠缠在暴力背后的复杂力量网络中。

这些不断提醒我们,宗教宽容(宗教自由)的重要性、复杂性和脆弱性。

宗教宽容（宗教自由）是国家和宗教之间关系的核心，一些国家给予宗教少数群体一定程度的自治，但对他们的行动和活动有严格的法律和实际限制。

我们如果想要了解欧美社会当今宗教自由的复杂性和脆弱性，就必须知道欧美社会是如何走到这一步的，过去是什么力量阻碍了自由的发展，以及支配其最终发展的历史进程。

所以，国家对宗教的态度，毕竟还是组成国家的人对宗教的态度——宗教宽容的根本，其实取决于我们每一个人。

参考文献

中文文献

金泽:《宗教学理论探新》，商务印书馆2022年版。

李强:《自由主义》，吉林出版集团有限责任公司2007年版。

应奇:《从自由主义到后自由主义》，生活·读书·新知三联书店2003年版。

〔意〕阿奎那，托马斯:《阿奎那政治著作选》，商务印书馆1963年版。

〔美〕巴里:《正义诸理论》，孙晓春译，吉林人民出版社2004年版。

〔英〕伯林，以赛亚:《自由论》，胡传胜译，译林出版社2011年版。

〔美〕布坎南，詹姆斯:《财产与自由》，韩旭译，中国社会科学出版社2002年版。

〔美〕德沃金，罗纳德:《至上的美德——平等的理论与实践》，冯克利译，江苏人民出版社2003年版。

〔英〕菲利普森，尼古拉斯、〔英〕昆廷·斯金纳主编:《近代英国政治话语》，潘兴明等译，华东师范大学版社2005年版。

〔法〕伏尔泰:《哲学通信》，高达观译，上海世纪出版集团2005年版。

〔英〕哈特:《法律的概念》，徐家馨、李冠宜译，法律出版社

2006年版。
〔英〕哈耶克:《自由宪章》, 中国社会科学出版社2015年版。
〔德〕洪堡, 威廉:《论国家的作用》, 林荣远、冯兴元译, 中国社会科学出版社1998年版。
〔英〕霍布斯:《利维坦》, 黎思复、黎廷弼译, 商务印书馆1985年版。
〔德〕康德:《康德著作全集》(全九册), 李秋零译, 中国人民大学出版社2013年版。
〔英〕拉斯莱特, 彼特:《洛克〈政府论〉导论》, 冯克利译, 生活·读书·新知三联书店2007年版。
〔德〕路德:《路德选集》, 徐庆誉、汤清译, 宗教文化出版社2010年版。
〔德〕路德、〔法〕加尔文:《论政府》, 吴玲玲译, 贵州人民出版社2004年版。
〔美〕罗尔斯, 约翰:《正义论》, 何怀宏等译, 中国社会科学出版社2009年版。
〔英〕密尔, 约翰:《论自由》, 程崇华译, 商务印书馆1982年版。
〔美〕桑德尔:《自由主义与正义的局限》, 译林出版社2011年版。
〔美〕施特劳斯, 列奥:《自然权利与历史》, 彭刚译, 生活·读书·新知三联书店2005年版。
〔加〕泰勒, 查尔斯:《世俗时代》, 张容南等译, 上海三联书店2016年版。
〔美〕沃尔泽, 迈克尔:《正义诸领域: 为多元主义与平等一辩》, 译林出版社2002年版。
〔英〕休谟:《休谟政治论文选》, 张若衡译, 商务印书馆1993年版。
〔美〕扎科特, 迈克尔:《自然权利与新共和主义》, 王崇兴译,吉林出版集团有限责任公司2008年版。

外文文献

Conway, Alison and David Alvarez (ed.). *Imagining Religious Toleration: A Literary History of an Idea, 1600–1830*. Toronto: University of Toronto Press, 2019.

Galeotti, Anna Elisabetta. "Toleration." In *The Palgrave Handbook of Toleration,* ed. Mitja Sardoč . London and New York: Palgrave Macmillan, 2022.

Galeotti, Anna Elisabetta. *Toleration as Recognition*. Cambridge: Cambridge University Press, 2002.

Ashcraft, Richard. "Faith and Knowledge in Locke's Philosophy." In *John Locke:Problems and Perspectives*, ed. John Yolton. Cambridge: Cambridge University Press, 1969.

Demaske, Chris. *Free Speech and Hate Speech in the United States*. London: Routledge, 2023.

Heyd, David. "The Mutual Independence of Liberalism and Toleration. " In *Toleration and the Challenges to Liberalism*, ed. Johannes Drerup and Gottfried Schweiger. London: Routledge, 2021.

Dunn, John. *The Political Thought of John Locke*. Cambridge: Cambridge University Press, 1969.

Goldie, Mark. "The Theory of Religious Intolerance in Restoration England." In *From Persecution to Toleration: The Glorious Revolution and Religion in England*, ed. Ole Peter Grell, Jonathan I.

Israel and Nicholas Tyacke. Oxford: Clarendon Press, 1991.

Harris, Ian. *The Mind of John Locke*. Cambridge: Cambridge University Press, 1994.

Harrison, John and Peter Laslett. *The Library of John Locke*, 2 edition. New York: Oxford University Press, 1965.

Ekeli, Kristian Skagen. "Toleration, Respect for Persons, and the Free Speech Right to Do Moral Wrong." In *The Palgrave Handbook of Toleration*, ed. Mitja Sardoč. London and New York: Palgrave Macmillan, 2022.

Locke, John.*The Works of John Locke*, 3 edition. London: A. Bettesworth, E.Parker, J. Pemberton and E. Symon, 1727.

Locke, John. *A Letter Concerning Toleration*, ed. Patrick Romanell. Englewood Cliffs: Prentice-Hall, 1950.

Locke, John. *An Essay Concerning Human Understanding*, ed. Peter H. Nidditch. New York: Oxford University Press, 1979.

Locke, John. *Two Treatises of Government*, ed. Mark Goldie. London: Everyman,1993.

Locke, John. *Political Writings of John Locke*, ed. David Wootton. New York: Penguin,1993.

Locke, John. *An Essay Concerning Toleration and Other Writings on Law and Politics, 1667–1683*, ed. J. R. Milton and P. Milton. Oxford: Clarendon Press, 2006.

Locke, John. *The Works of John Locke: A New Edition, Corrected*, 10 vols. London: Forgotten Books, 2018.

Marshall, John. *John Locke,Toleration and Early Enlightenment Culture*. Cambridge: Cambridge University Press, 2006.

Yachnin, Paul. "Shylock, Conversion, Toleration." In *Imagining Religious Toleration: A Literary History of an Idea, 1600–1830*, ed. Alison Conway and David Alvarez. Toronto: University of Toronto Press, 2019.

Robinson, Scott. *John Locke and the Uncivilized Society: Individualism and Resistance in America Today*, Lanham: Lexington Books, 2021.

Tate, John William. *Liberty, Toleration and Equality: John Locke, Jonas Proast and the Letter Concerning Toleration*. London: Routledge,2016.

Vernon, Richard.*The Career of Toleration: John Locke, Jonas Proast and After*. Montreal: McGillQueen's University Press, 1997.

Walsham, A.. *Charitable Hatred: Tolerance and Intolerance in England 1500–1700*. Manchester: Manchester University Press,2006.

Zagorin, Perez. *How the Idea of Religious Toleration Came to the West*. Princeton: Princeton University Press, 2003.

图书在版编目（CIP）数据

宗教宽容 / 袁朝晖著. — 北京：商务印书馆，2024. —（宗教学关键词 / 金泽主编）. — ISBN 978 - 7 - 100 - 24190 - 8

Ⅰ. B920

中国国家版本馆 CIP 数据核字第2024H1R778号

宗教学关键词（第一辑）

宗 教 宽 容

袁朝晖　著

商 务 印 书 馆 出 版
（北京王府井大街36号　邮政编码 100710）
商 务 印 书 馆 发 行
山 东 临 沂 新 华 印 刷 物 流
集 团 有 限 责 任 公 司 印 刷
ISBN　978 - 7 - 100 - 24190 - 8

2024年8月第1版　　开本 889×1194　1/32
2024年8月第1次印刷　　印张 6¼

定价：158.00元（全七册）